MANUAL DE nutrición deportiva

Manuel Arasa Gil

EDITORIAL
PAIDOTRIBO

España

Editorial Paidotribo
Les Guixeres
C/ de la Energía,19-21
08915 Badalona
Tel.: 00 34 93 323 33 11
Fax: 00 34 93 453 50 33
www.paidotribo.com
paidotribo@paidotribo.com

Argentina

Editorial Paidotribo Argentina
Adolfo Alsina, 1537
C1088 AAM Buenos Aires
Tel.: 00 54 11 4383 64 54
Fax: 00 54 11 4383 64 54
www.paidotribo.com.ar
paidotribo.argentina@paidotribo.com

México

Editorial Paidotribo México
Lago Viedma, 81
Col. Argentina
11270 Delegación Miguel Hidalgo
México D.F.
Tel.: 00 52 55 55 23 96 70
Fax: 00 52 55 55 23 96 70
www.paidotribo.com.mx
paidotribo.mexico@paidotribo.com

Autor: Manuel Arasa Gil

Cubierta: David Carretero

© 2011, FEDA y Keepgoing

Editorial Paidotribo
Les Guixeres
C/ de la Energía, 19-21
08915 Badalona (España)
Tel.: 93 323 33 11 – Fax: 93 453 50 33
http://www.paidotribo.com
http://www.paidotribo-ebooks.com
E-mail: paidotribo@paidotribo.com

1ª reimpresión de la 1ª edición
ISBN: 978-84-8019-859-2

Fotocomposición: Editor Service, S.L.
Diagonal, 299 – 08013 Barcelona

Impreso en España por Publidisa

ÍNDICE

INTRODUCCIÓN GENERAL EXPLICATIVA DEL MANUAL

Nutrición y salud son dos conceptos que están íntimamente relacionados.

Los antiguos filósofos ya lo preconizaban basándose exclusivamente en conocimientos totalmente empíricos, es decir, basados en la experiencia. Pero los avances en las ciencias médicas han hecho que hoy sea un hecho totalmente demostrado.

La práctica deportiva implica unas mayores demandas de energía y nutrientes, por ello el deportista debe consumir más cantidad de alimentos que la población sedentaria. El conocimiento específico de cuáles son esos requerimientos especiales de nutrientes hará que su alimentación sea una herramienta fundamental para mejorar su rendimiento y su salud.

El conocimiento profundo de la **fisiología del ejercicio**, es decir, de todos aquellos cambios, adaptaciones y reacciones químicas que ocurren en el organismo cuando está sometido a un esfuerzo físico, hará que podamos conocer con mayor rigor cuáles son los nutrientes que el deportista debe consumir en un momento determinado.

De ello se ocupa una rama especial de la nutrición humana que se conoce en estos momentos como **Nutrición Deportiva**.

El preparador físico o monitor que tiene a su cargo la importante responsabilidad, tanto de formar a otros preparadores físicos o monitores, como a sus propios alumnos en el gimnasio, debe conocer perfectamente conceptos básicos de fisiología del esfuerzo físico para poder comprender mejor cómo aplicar sus conocimientos nutricionales.

Del mismo modo, debe conocer los principios básicos y generales de la **Nutrición Humana** para comprender y aplicar los específicos de la **Nutrición Deportiva**.

Solamente conociendo las bases de todo ello, podrá comprender y aplicar con mayor grado de autonomía los principios específicos que se desarrollan en este manual.

Por ello, para su implementación, se ha seguido un criterio de desarrollo paulatino, en el que se han ido introduciendo nuevos conocimientos una vez expuestos los más básicos.

También por ello, este manual contiene un capítulo dedicado a la energía, que normalmente se olvida a la hora de escribir manuales de nutrición deportiva, en el que se desarrollan conceptos básicos de la **Fisiología del Ejercicio**, necesarios para comprender y saber aplicar posteriormente estos principios a los alumnos y deportistas en general.

Aunque su fin sea la preparación o formación de monitores para las distintas ramas y especialidades que componen lo que hoy se conoce como *wellness*, debemos destacar que nuestro organismo no entiende de especialidades deportivas, sólo entiende de esfuerzo físico, de la intensidad con que se realiza éste y del número de músculos o fibras musculares que intervienen en el llamado «gesto deportivo», independientemente de cual sea la especialidad, por ello, aunque algunos conceptos estén específicamente desarrollados para la práctica del fitness, el conjunto de conocimientos expuestos en este manual son de aplicación general en cualquier tipo de especialidad deportiva, lo cual hace más interesante, si cabe, su estudio.

También es importante destacar que, después de realizar numerosísimas encuestas nutricionales por pesada de alimentos en los últimos 20 años a todo tipo de deportistas, las estadísticas nos demuestran que la inmensa mayoría de ellas presentan déficits nutricionales que en algunos casos han llegado a ser muy importantes, y han llegado a originar situaciones donde se condiciona el rendimiento deportivo y la salud del individuo.

Por ello, es fundamental conocer las necesidades reales de energía y nutrientes que tiene cada deportista, para así poder establecer unos criterios nutricionales que le permitan alcanzar el grado de prestación deportiva por él deseado, y mantener en todo momento un nivel óptimo de salud.

ALIMENTOS Y NUTRIENTES

La **alimentación** y la **nutrición** son dos conceptos bastante relacionados pero diferentes. Podemos decir que los alimentos son la fuente de los nutrientes. El hombre, para su supervivencia, necesita consumir alimentos, desde los más simples hasta los que se presentan en los menús más elaborados.

2.1. CONCEPTO DE ALIMENTO

Según el **Código Alimentario Español** podemos definir alimento como «toda aquella sustancia o producto de cualquier naturaleza, sólido o líquido, natural o transformado, que por sus características, aplicaciones, componentes, preparación y estado de conservación sea susceptible de ser habitual e idóneamente utilizado:

a) Para la normal nutrición humana.
b) Como fruitivo.
c) Como producto dietético, en casos especiales de alimentación humana».

Lo que conocemos como **alimentación** es el proceso de elección, preparación e ingesta de los alimentos. Al ser un proceso voluntario y consciente, la calidad del mismo dependerá de factores educacionales, económicos y socioculturales.

Los alimentos, en definitiva, son almacenes dinámicos de nutrientes que una vez ingeridos aportan:

- Materiales a partir de los cuales el organismo puede producir movimiento, calor o cualquier otra forma de **energía.**

- Materiales para el **crecimiento**, la reparación de los tejidos y la reproducción.

Además, los alimentos tienen también un importante papel al proporcionar **placer y palatabilidad** a la dieta.

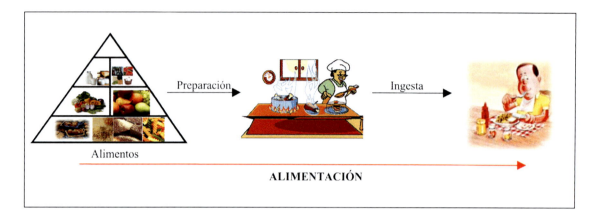

Figura 2.1. *Fases de la alimentación. Elección de los alimentos, preparación de los mismos e ingesta.*
1. Imagen extraída de http://escuelas.consumer.es/web/es/seguridad/img/cocina_carne2.gif
2. Imagen extraída de http://www.campusred.net/campusdiario/20040312/imagenes/comer%202.jpg

2.1.1. Tipos de alimentos

Podemos dividir los alimentos en dos grupos:

- **Simples**: aquellos que están constituidos por un solo tipo de nutriente, por ejemplo, la sal o el aceite de oliva.

- **Compuestos:** aquellos que están constituidos por varios tipos de nutrientes. En este grupo se incluyen la inmensa mayoría de los alimentos.

2.1.2. Clasificación de los alimentos

Los alimentos se clasifican en base a la denominada Rueda de los Alimentos. En ella podemos distinguir los grupos siguientes:

- **Leche y derivados.** Son alimentos en los que predominan las proteínas. Se consideran alimentos reparadores puesto que proporcionan los elementos necesarios para el crecimiento y renovación del organismo.

- **Carnes, pescados y huevos.** Al igual que en los anteriores predominan las proteínas.

- **Legumbres, frutos secos y patatas.** Son alimentos que proporcionan energía, además de elementos básicos para el crecimiento del organismo, así como aquellos necesarios para regular ciertas reacciones químicas que se producen en las células. Predominan los glúcidos pero también presentan cierta cantidad de proteínas, vitaminas y minerales.

- **Hortalizas.** Al predominar en ellos las vitaminas y minerales se trata de alimentos con función reguladora de reacciones químicas.

- **Frutas.** Poseen las mismas características que las hortalizas, además de un cierto efecto energético, por su contenido en carbohidratos.

- **Cereales y pan.** Se trata de alimentos energéticos donde predominan los glúcidos.

- **Mantecas y aceites.** Al igual que los cereales se trata de alimentos energéticos pero la diferencia radica en que en este grupo predominan los lípidos.

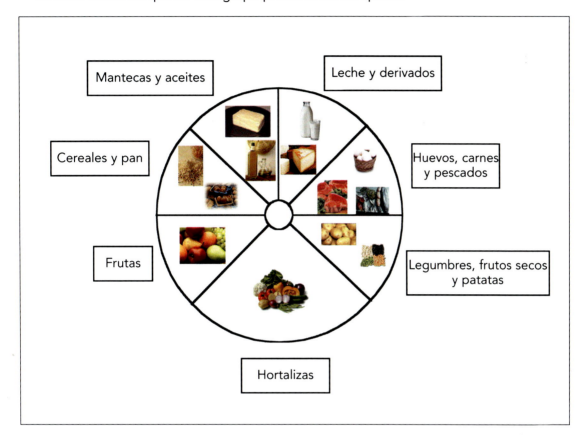

Figura 2.2. *Rueda de los alimentos.*

2.2. CONCEPTO DE NUTRIENTE

Los **nutrientes** son sustancias químicas, contenidas en los alimentos, que necesita el organismo para realizar las funciones vitales. Para extraer estos nutrientes de los alimentos se lleva a cabo el proceso denominado **NUTRICIÓN**, que podemos definir como:

> «El conjunto de procesos fisiológicos mediante los cuales el organismo se aprovecha de las sustancias contenidas en los alimentos, para incorporarlas a sus propios órganos y tejidos».

Por lo tanto, podemos decir que la nutrición es, en definitiva, un conjunto de procesos, todos ellos involuntarios, que comienzan por la digestión y siguen con la absorción y el transporte de esos nutrientes hasta los tejidos para su posterior aprovechamiento.

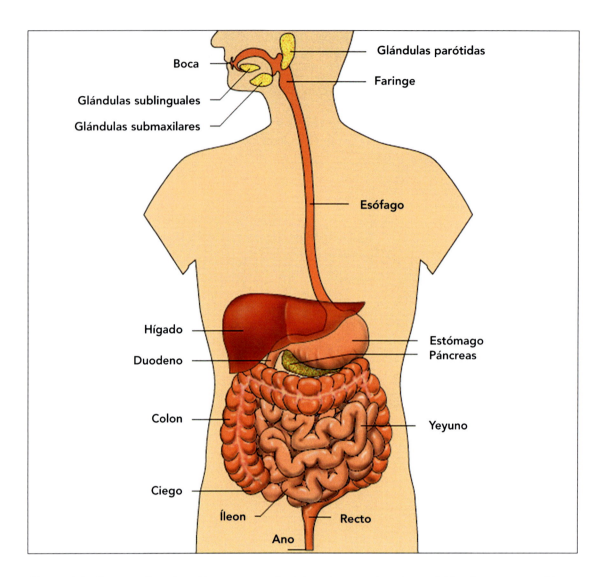

Boca
Glándulas parótidas
Faringe
Glándulas sublinguales
Glándulas submaxilares
Esófago
Hígado
Estómago
Páncreas
Duodeno
Colon
Yeyuno
Ciego
Íleon
Recto
Ano

Figura 2.3. *Sistema digestivo. Sistema a través del cual se produce la nutrición. (Imagen extraída de la galería de imágenes del proyecto biosfera del Ministerio de Ciencia y Tecnología. Autores: Fernando Bort, Pablo Egea, Carlos Rubio.)*

2.2.1. Funciones de los nutrientes

Podemos resumir las funciones de los nutrientes en cuatro grandes grupos:

- **Energéticas.** El organismo necesita energía para su funcionamiento interno, esto es, para que sigan ocurriendo todos los procesos fisiológicos, desde las reacciones químicas hasta el movimiento del aparato digestivo o el mantenimiento del pulso cardíaco. Pero también necesita energía para el mantenimiento de la temperatura corporal y para el propio movimiento o trabajo físico.

- **Formación de otros compuestos.** Algunos nutrientes se transforman en otras sustancias también necesarias para el funcionamiento orgánico, como por ejemplo, los ácidos biliares que sirven para ayudar a digerir las grasas.

- **Estructurales.** También llamadas plásticas, por su capacidad para formar tejidos, como algunos minerales que forman parte del tejido óseo o como las proteínas que forman los músculos.

- **Almacenamiento.** El organismo almacena algunos nutrientes sin modificarlos y otros, sufriendo una transformación química. Los ejemplos más conocidos los constituyen las grasas y el glucógeno.

2.2.2. Tipos de nutrientes

Podemos clasificar a los nutrientes desde el punto de vista **químico** y desde el punto de vista **energético**.

Químicamente podemos distinguir cinco grupos de nutrientes:

- **Glúcidos o hidratos de carbono.**
- **Proteínas o prótidos.**
- **Lípidos o grasas.**
- **Minerales.**
- **Vitaminas.**

A su vez, podemos dividir este grupo en:

- **Macronutrientes**: engloba a los **glúcidos**, **proteínas** y **lípidos**. También se denominan principios inmediatos.

- **Micronutrientes**: son sustancias imprescindibles para la vida, aunque sus necesidades se midan a veces en cantidades muy pequeñas (milésimas o millonésimas de gramo). Pertenecen a este grupo los **minerales** y las **vitaminas**. Dentro de los minerales existe un grupo que se requiere en cantidades inferiores al resto y que es el de los **oligoelementos** (por ejemplo, hierro y zinc), pero hoy en día, para clasificar a los minerales, se prefiere hablar de elementos mayoritarios (calcio, fósforo, magnesio, cloro, sodio y potasio), elementos traza (hierro, flúor, zinc, cobre, selenio, yodo y manganesio), y elementos ultratraza (molibdeno, vanadio, níquel, cromo, cobalto, silicio, estaño, boro, antimonio, arsénico, bromo, litio). Aunque, conforme avanzan las investigaciones médicas, esta lista se va ampliando constantemente.

La clasificación de los nutrientes desde el punto de vista **energético** es la siguiente:

- **Energéticos:** son los que el organismo puede transformar en energía, aunque además también puedan tener otras funciones. A este grupo pertenecen los **hidratos de carbono**, las **grasas** y, en menor grado, las **proteínas**. Siempre serán utilizados en primer lugar para la obtención de energía los hidratos de carbono y las grasas.

- **No energéticos: minerales** y **vitaminas**. Nunca se pueden transformar en energía, aunque la presencia de alguno de ellos (vitamina B_1, magnesio, etc.) sea necesaria para la transformación en energía de los nutrientes energéticos.

Caso aparte lo constituye el **agua**, que no es considerada como nutriente, pero que es imprescindible para el mantenimiento de la vida.

También podemos clasificar a cada uno de los nutrientes, como **esenciales** o **no esenciales**, dependiendo de si el organismo es capaz de sintetizarlos a partir de otras sustancias o necesita de su ingestión diaria.

Para no entrar en clasificaciones complejas, podemos decir que **todos los minerales y todas las vitaminas** (a excepción de la D_3, K y niacina) **son nutrientes esenciales**, por lo tanto debemos ingerirlos mediante la alimentación o mediante la suplementación diaria.

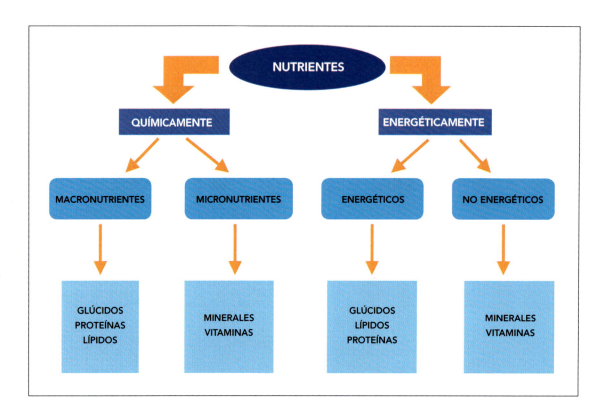

Figura 2.4. *Esquema de clasificación de los nutrientes.*

HIDRATOS DE CARBONO

Los hidratos de carbono, o **carbohidratos,** son la principal fuente de energía para el organismo humano, por ser la más común y más barata en todo el mundo.

También son conocidos como **glúcidos**, nombre que deriva de la palabra glucosa que proviene de la palabra griega *glykys* que significa dulce, aunque son pocos los que tiene este sabor. Otro nombre por el que son conocidos es el de **sacáridos,** de la palabra latina que significa azúcar, aunque el azúcar común es tan sólo uno de los centenares de compuestos distintos que pueden clasificarse en este grupo.

Los hidratos de carbono son compuestos orgánicos cuya molécula está formada por tres elementos simples, el carbono, el oxígeno y el hidrógeno. Como estos dos últimos elementos se encuentran en la misma proporción que en el agua, de ahí deriva su nombre clásico de hidratos de carbono, ya que aparentemente es como si se añadieran moléculas de carbono y de agua, pero en realidad, su formulación desarrolla formas químicas mucho más complejas.

De todos los nutrientes que se pueden emplear para obtener energía, los hidratos de carbono son los que producen una combustión más "limpia" en nuestras células y dejan menos residuos en el organismo. De hecho, el cerebro y el sistema nervioso, en condiciones normales, solamente utilizan glucosa para obtener energía, evitándose así la presencia de residuos tóxicos (como el amoniaco, que se produce al quemar proteínas).

Se encuentran fundamentalmente en los vegetales, que los elaboran con ayuda de la energía que obtienen de la radiación solar, proceso que se denomina **fotosíntesis**, aunque en los animales y en los seres humanos, hay pequeñas cantidades almacenadas en el hígado y músculos en forma de glucógeno.

3.1. CLASIFICACIÓN QUÍMICA

La estructura fundamental de los hidratos de carbono responde a la fórmula química $Cn (H_2O)n$, donde n indica el número de veces que se repite la relación para formar una molécula de carbohidrato más o menos compleja.

Respecto a la fórmula química podemos dividir a los hidratos de carbono en tres grupos principales: monosacáridos, disacáridos y polisacáridos.

3.1.1. Monosacáridos

En los monosacáridos n tiene un valor igual o mayor que tres siendo más frecuentes los que cuentan con 6 átomos de carbono ($C_6H_{12}O_6$). Son las formas más simples ya que están constituidos por una sola molécula, por ello no sufren ningún proceso de digestión, y se absorven como tales por el intestino, por lo que son la fuente de energía más rápida. Son sustancias blancas, con sabor dulce, cristalizables y solubles en agua.

Las principales moléculas de monosacáridos son hexosas, es decir, poseen seis átomos de carbono, como la **glucosa**, la **galactosa** y la **fructosa**, pero los monosacáridos pueden tener entre 3 y 7 átomos de carbono. Así, por ejemplo, estaría la **ribosa** que pertenece al grupo de las pentosas ya que contiene 5 átomos y es un componente estructural de nucleótidos, como el ATP (adenosin trifosfato o trifosfato de adenosina).

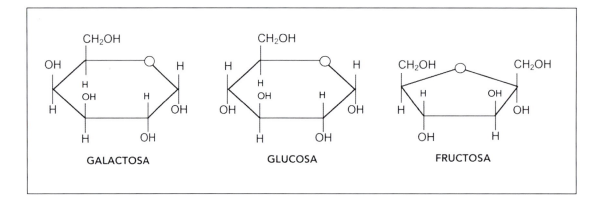

Figura 3.1. *Estructura de los principales monosacáridos.*

La **glucosa** o dextrosa es el principal producto final de la digestión de los hidratos de carbono complejos o polisacáridos. De esta forma los absorbemos.

Para su metabolismo es necesaria la participación de la hormona **insulina.** La glucosa podemos encontrarla como tal en la miel, en el zumo de uva y otros frutos maduros pero normalmente se encuentra en disacáridos y polisacáridos (cadenas de almidón).

La glucosa se almacena en el hígado y en el músculo en forma de **glucógeno**, que es la forma de almacenamiento de los carbohidratos en el organismo. Está formado por largas cadenas de glucosa unidas entre sí, constituyendo **la principal fuente de energía** cuando practicamos una actividad física intensa. Cuando hay una disminución de glucosa en sangre, el glucógeno es degradado a través de enzimas y transformado en glucosa, de esta manera se pueden cubrir las necesidades energéticas del organismo.

El nivel de glucosa en sangre se conoce por el nombre de **glucemia**, de tal forma que la palabra **hipoglucemia** indica un nivel demasiado bajo y por el contrario, **hiperglucemia** indicaría un valor demasiado alto. Los valores normales de glucemia se encuentran entre 60 y 110 miligramos de glucosa por decilitro de sangre, medidos en ayunas.

Las personas que tienen niveles altos de glucosa en sangre son los **diabéticos**, que deben administrarse diversos medicamentos, además de la insulina, para que sus niveles de glucosa se mantengan en límites normales. Esta situación de normalidad se conoce como **normoglucemia**.

La **fructosa**, ingerida en cantidades moderadas, no necesita de la insulina para su metabolización, por ello puede ser consumida como sustituto del azúcar por los diabéticos. También es la principal fuente de energía de los espermatozoides, que la metabolizan en sus mitocondrias. La podemos encontrar en la mayoría de las frutas maduras y en la miel, junto con la glucosa.

La **galactosa** podemos encontrarla en las legumbres junto con otros hidratos de carbono, y es uno de los componentes del disacárido lactosa (carbohidrato de la leche). Es muy importante en la dieta durante los primeros meses de vida, correspondiendo con la época de la lactancia. Se sintetiza en las glándulas mamarias y es metabolizada en el hígado, donde se convierte en glucosa.

3.1.2. Disacáridos

Son carbohidratos formados por la unión de dos moléculas de monosacáridos, dicha unión se realiza por medio de los llamados **enlaces glucosídicos**. Por el contrario la hidrólisis, o rotura del enlace glucosídico de un disacárido origina dos unidades de monosacáridos. Son solubles en agua, dulces y cristalizables.

En la mucosa del tubo digestivo humano existen unas enzimas, que son sustancias capaces de acelerar las reacciones bioquímicas del organismo, llamadas disacaridasas, que hidrolizan el enlace glucosídico que une a los dos monosacáridos, lo que permite su absorción intestinal.

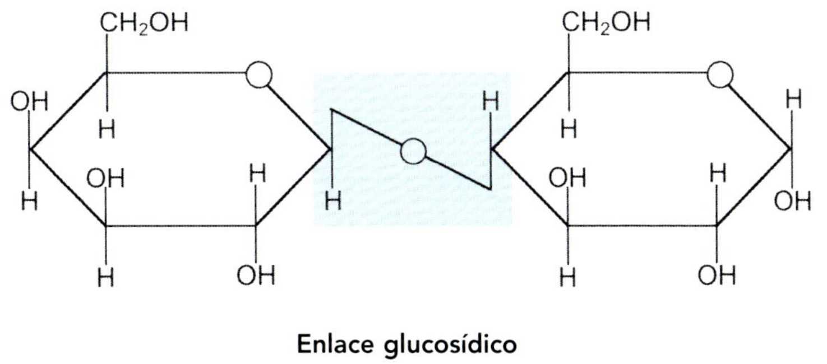

Figura 3.2. Esquema del enlace glucosídico.

17

Los disacáridos más conocidos son la **sacarosa**, la **maltosa** y la **lactosa**.

La **sacarosa** está formada por una molécula de **glucosa** y una de **fructosa.** Es el azúcar de consumo habitual, ya sea blanco o negro, que se obtiene a partir de la caña de azúcar y de la remolacha azucarera, aunque también se encuentra en otros alimentos como la piña o la zanahoria. Juega un papel importante en la dieta del hombre ya que contribuye a mantener los valores normales de glucosa en sangre.

La **maltosa** se forma por la unión de **dos unidades** de **glucosa**. La maltosa o azúcar de malta se obtiene a partir de la cebada germinada o en forma de material de reserva de tubérculos, semillas y raíces de muchos vegetales, o también como un producto intermedio de la hidrólisis del almidón. Se utiliza en la elaboración de la cerveza.

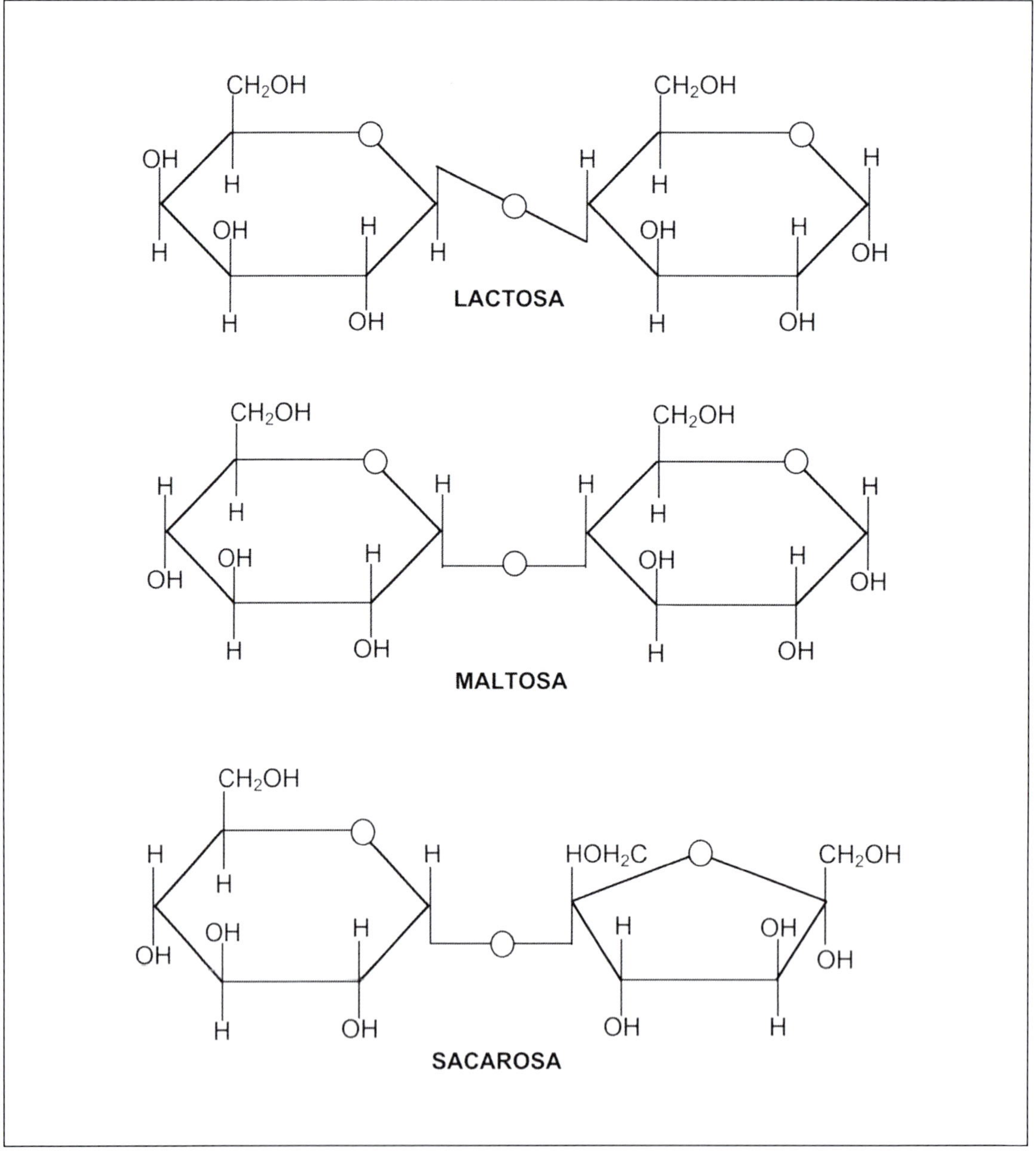

Figura 3.3. *Estructura de los principales disacáridos.*

La **lactosa** es el azúcar contenido en la leche, por eso es el único disacárido de origen animal con importancia nutricional, así por ejemplo, la leche de vaca contiene del 4 al 5% de lactosa. Está formada por una molécula de **glucosa** y otra de **galactosa**. La enzima intestinal responsable de su división o hidrólisis se llama **lactasa** y es una sustancia que sintetiza muy fácilmente el organismo en el periodo de la lactancia, pero en muchas ocasiones, conforme se llega a la edad adulta disminuye su síntesis o incluso desaparece totalmente. Entonces se desarrolla una intolerancia a la lactosa, de tal forma que cuando se ingieren productos que la contienen, como la leche, las natillas, el queso, etc., se producen molestias intestinales que pueden ir acompañadas de náuseas, calambres y diarrea.

En el proceso de fermentación láctica que se desarrolla para la fabricación del yogur, la **lactosa** se transforma en **ácido láctico**, responsable de la acidez que tienen estos productos, por lo tanto son más fácilmente digeribles por todos los grupos de población. Hay que considerar que el ácido láctico contenido en el yogur y leches fermentadas no tiene ninguna relación con el ácido láctico producido por las células musculares durante el ejercicio físico intenso. El primero actúa como un nutriente más, y por lo tanto, es absorbido en la mucosa intestinal y posteriormente utilizado por el organismo, mientras que el segundo es un producto secundario del metabolismo de la célula muscular en condiciones anaeróbicas, y su acumulación impide o disminuye la acción de las enzimas formadoras de energía, por lo que constituye un factor limitante del rendimiento en esfuerzos de elevada intensidad.

3.1.3. Polisacáridos

Los polisacáridos están formados por la unión de muchos monosacáridos, desde 11 hasta cientos de miles, y la mayor parte de glúcidos que aportamos al organismo están de esta forma. Son largas cadenas de moléculas simples de carbohidratos y dependiendo de cómo sean los enlaces químicos que los unen, el organismo podrá romperlos fácilmente mediante las enzimas digestivas o no podrá hacerlo.

Atendiendo a esta posibilidad, los clasificamos de la siguiente manera:

- **Digeribles:**

Dentro de este grupo se engloban los **almidones** o **féculas** y el **glucógeno**.

Los **almidones** constituyen la reserva energética de los vegetales. Fundamentalmente forman parte de los cereales, las féculas (patata) y las legumbres. Están formados por larguísimas cadenas de moléculas de glucosa unidas entre sí.

Atendiendo a la configuración espacial, podemos hablar de dos tipos de cadenas: unas rectas, llamadas amilosas, y otras ramificadas, que reciben el nombre de amilopectinas.

Dependiendo de la prevalencia de unas u otras, el almidón será más fácilmente digerido, y por lo tanto más rápidamente absorbida la glucosa que contiene, o por el contrario, el proceso digestivo de rotura de estos enlaces será mayor y su velocidad de absorción será más lenta. Este hecho explica el **índice glucémico** de los alimentos de procedencia vegetal, que se comentará más adelante.

Así pues, las diversas enzimas digestivas se encargan de romper esas largas cadenas hasta transformarlas en moléculas de glucosa para que sean absorbidas.

La rotura parcial de las cadenas de almidón por acción enzimática o por la acción del calor dan como resultado unidades de menor tamaño llamadas dextrinas o, más comúnmente, **maltodextrinas,** que son por ello más fáciles de digerir.

El **glucógeno** constituye la reserva glucídica de los animales y por lo tanto de la especie humana. En el organismo se almacena en el **hígado** y en el **músculo**. El organismo utiliza el glucógeno almacenado en el hígado para conservar la concentración adecuada de glucosa en sangre, fundamentalmente entre comidas. El glucógeno muscular sirve de fuente de glucosa de fácil acceso para la utilización por el propio músculo en situaciones de esfuerzo muy intenso. Cuando el organismo lo demande para la obtención de energía, el glucógeno hepático y el muscular se irán desdoblando para formar otra vez moléculas de glucosa. Así los depósitos de glucógeno se van llenando cuando ingerimos carbohidratos y se van vaciando con el ayuno o cuando hacemos ejercicio intenso y prolongado.

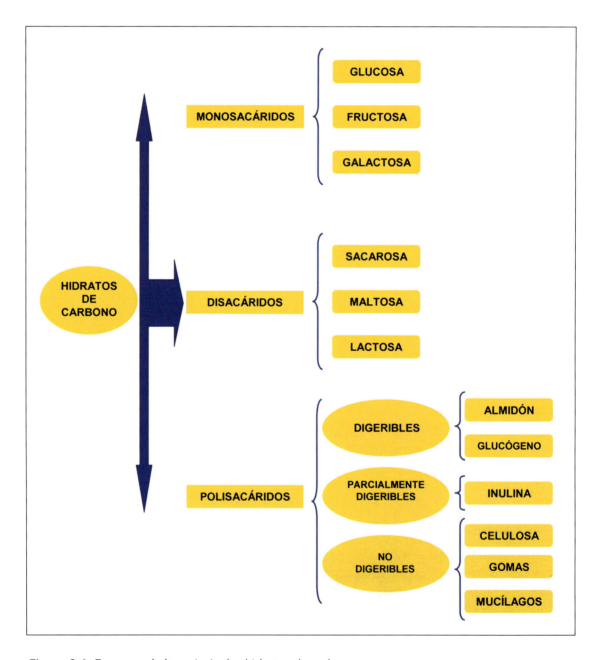

Figura 3.4. *Esquema de los principales hidratos de carbono.*

Esta reserva permite mantener niveles adecuados de glucosa en sangre en los períodos que no hay ingesta de glúcidos, lo cual tiene una gran importancia, fundamentalmente para el cerebro.

- **Parcialmente digeribles:**

Son un grupo de hidratos de carbono que pueden ser fermentados por la flora intestinal dando lugar a **lactato** y **ácidos grasos de cadena corta** que pueden ser absorbidos y metabolizados. Su valor energético es inferior a las 4 kcal por gramo que tiene el resto de glúcidos digeribles.

Constituyen un "alimento" para nuestra flora intestinal, por lo que su consumo es muy saludable. El más conocido de este grupo es la **inulina**, presente en muchos vegetales y frutas.

- **No digeribles: fibras:**

Son largas cadenas de hidratos de carbono que la especie humana no puede digerir, aunque sí los animales herbívoros.

Actualmente se clasifican atendiendo a su **solubilidad en el agua**. Así pues las hay insolubles, como la **celulosa**, y solubles como las **gomas** (por ejemplo, la goma de guar) y los **mucílagos**.

3.2. HIDRATOS DE CARBONO NO DIGERIBLES: FIBRAS

En la dieta la fibra la encontramos en los productos vegetales, y una de sus características es que no aporta calorías.

Aunque la fibra no sea absorbida y por lo tanto, pase prácticamente inalterada por el intestino, tiene unas propiedades que la hacen imprescindible para el mantenimiento de la salud.

Por su capacidad para retener agua, regulan el apetito porque provocan saciedad y, por tanto, pueden ayudar a controlar el peso. Mejoran el funcionamiento del intestino grueso, y favorecen sus movimientos (su motilidad), así los residuos del proceso digestivo, que tienen cierto grado de toxicidad para el colon y el recto, son más fácilmente evacuados, al estar menos tiempo en contacto con la mucosa intestinal.

Por ello, las fibras corrigen el estreñimiento y protegen contra ciertos tipos de cánceres digestivos. Además, ayudan a prevenir o tratar la diverticulosis (inflamación de los divertículos intestinales que son pequeñas bolsas o sáculos que se extienden desde la luz del intestino hacia el exterior de éste), la diabetes y las enfermedades cardíacas.

Dentro de las fibras podemos encontrar dos tipos:

- **Solubles**: retienen el agua durante la digestión lo que implica un retardo en la digestión y en la absorción de los nutrientes desde el estómago al intestino. Regulan el nivel de glucosa en sangre y dificultan en parte la absorción de colesterol, ayudando de esta manera a reducir su nivel plasmático. Podemos encontrarlas en alimentos como la cebada, lentejas, avena, nueces y algunas frutas y verduras.

- **Insolubles**: las encontramos en el salvado de trigo y en las verduras. Aceleran el tránsito intestinal y dan mayor volumen a las heces.

Aunque, como hemos visto, las fibras tienen efectos beneficiosos para la salud, debemos hacer alguna observación en cuanto a posibles efectos adversos. Si se consumen grandes cantidades de fibra en un período de tiempo corto se puede llegar a sufrir flatulencia, distensión y cólicos abdominales, los cuales desaparecerán cuando la flora intestinal se adapte a ese aumento de fibra en la dieta. Los problemas de gases o diarrea pueden verse disminuidos si vamos incluyendo en nuestra dieta fibras de forma gradual.

También, se puede producir una interferencia en la absorción de elementos como el hierro, el zinc, el magnesio y el calcio pero, normalmente, los alimentos ricos en fibras lo son también en minerales y no se observan problemas de deficiencias por esta causa.

La cantidad de fibra recomendable en una dieta es de 30-35 gramos por día. Además, es recomendable beber abundante agua ya que ésta ayuda a que la fibra transite a través del sistema digestivo.

TIPOS DE FIBRAS	
SOLUBLES	INSOLUBLES
Pectina	Celulosa
Gomas	Hemicelulosa
Mucílagos	Lignina

Figura 3.5. *Tipos de fibras.*

A continuación se relacionan los alimentos principales por su contenido en fibra.

ALIMENTO	CONTENIDO EN FIBRA (por cada 100 g)
Judías blancas	25,4
Habas secas	19
Higos y ciruelas secas	17
Guisantes secos	16,7
Puré de patata	16,5
Garbanzos, lentejas ...	12-15
Almendras, pistachos...	11-14
Avellanas	10
Maíz	9,2
Dátiles	8,7
Pan integral	8,5
Cacahuetes	8,1
Membrillo	6,4
Espinacas	6,3
Acelgas	5,6
Nueces	5,2

Galletas	5
Aceitunas	4,4
Cereales de desayuno	4
Plátanos	3,4
Coles y repollo	3,3
Judías verdes, zanahorias	2,9

Figura 3.6. Alimentos ricos en fibra.

3.3. DIGESTIÓN Y ABSORCIÓN

La digestión es un proceso que consiste en la descomposición de los alimentos que ingerimos hasta unidades más pequeñas que pueden ser absorbidas para, de esta forma, ser asimiladas por nuestro organismo.

El primer paso de la digestión se lleva a cabo en la **boca**, gracias a unas enzimas que se encuentran en la saliva que reciben el nombre de **amilasas salivares** o **ptialina**. Dichas enzimas son capaces de romper las largas cadenas de almidón y convertirlas en unidades mucho más pequeñas. Por ello, es recomendable masticar muy bien los alimentos, para que esta primera digestión se realice de la manera correcta.

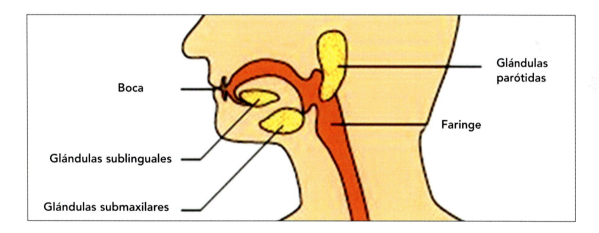

Figura 3.7. Digestión en la boca. Las glándulas que se observan en el esquema son las encargadas de producir las enzimas salivares. (Imagen extraída y modificada de la galería de imágenes del proyecto biosfera del Ministerio de Ciencia y Tecnología. Autores: Fernando Bort, Pablo Egea, Carlos Rubio.)

Cuando el alimento triturado y parcialmente digerido por las enzimas salivares llega al **estómago**, se detiene la digestión de los hidratos de carbono puesto que los ácidos del mismo hacen que la enzima salivar se inactive temporalmente.

Es en el **duodeno** cuando vuelve a actuar la **amilasa** pero, en este caso, la segrega el páncreas. Aquí se produce una degradación mayor que la producida en la boca pero no llegan

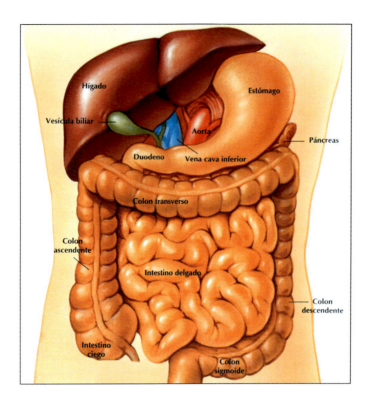

a romperse todos los enlaces. Es en el resto del intestino delgado donde, finalmente, el alimento ingerido quedará convertido en moléculas de glucosa que pasarán a la sangre y de allí al hígado y músculos donde, como vimos anteriormente, se almacenarán en forma de glucógeno, si no se necesita en ese momento utilizarla como tal.

Figura 3.8. *Digestión intestinal. En el duodeno continúa la digestión gracias a la amilasa pancreática. En el intestino delgado el alimento queda totalmente degradado en moléculas de glucosa.*

3.3.1. Índice glucémico

Como se ha comentado anteriormente, hay alimentos cuyos carbohidratos se absorben a una velocidad mayor que otros, y por lo tanto provocan mayores aumentos en los niveles de glucosa sanguínea.

Para distinguir estas diferencias en las velocidades de absorción, se utiliza el llamado **índice glucémico de un alimento**, que compara la variación de los niveles de glucosa en sangre tras la ingestión de 50 gramos de glucosa pura, con la glucemia obtenida utilizando la misma cantidad de otros alimentos ricos en carbohidratos (cereales, patatas, legumbres, etc.).
Se dice que el **índice glucémico de un alimento es 100 si la variación de los niveles de glucosa en sangre son los mismos que los que se obtienen tras la administración de 50 gramos de glucosa pura.**

Esto quiere decir que hay alimentos cuyos hidratos de carbono se absorben antes, y provocan de este modo aumentos más elevados en la concentración de glucosa en sangre, por lo tanto, como para metabolizar la glucosa es necesaria la insulina, también provocan "descargas" de insulina mayores. Estos alimentos no son adecuados para los **diabéticos** (personas con muy baja o ninguna respuesta insulínica) **ni para la alimentación anterior a una competición o entrenamiento intenso, en cambio sí son los adecuados para reponer los niveles de glucógeno muscular y hepático más rápidamente después de ese entrenamiento o competición.**

3.4. METABOLISMO DE LOS HIDRATOS DE CARBONO

Durante los trabajos físicos intensos, como la práctica deportiva, **los hidratos de carbono constituyen la mayor fuente de energía para el organismo**, a la vez que también es la de más fácil y rápida obtención.

Esto es así porque los hidratos de carbono son las sustancias que más energía proporcionan por unidad de tiempo. Por ello, si para realizar una determinada actividad física se necesita un aporte elevado de energía en cada instante, nuestro organismo recurre siempre a la utilización de la glucosa almacenada en nuestro cuerpo en forma de glucógeno. Cuando las reservas de glucógeno se agotan, la energía obtenida por otras sustancias, como por ejemplo las grasas, no permite intensidades de esfuerzo tan elevadas, porque su "potencia" calórica por unidad de tiempo es menor.

La mayor parte de las células que forman los tejidos son capaces de utilizar muchas sustancias como fuente de energía, pero sin embargo, los glóbulos rojos y las células del sistema nervioso (responsables en parte de la actividad cerebral) utilizan glucosa y les cuesta mucho tiempo adaptarse para poder utilizar otras sustancias. Por ello necesitamos disponer siempre de una reserva glucídica.

La Organización Mundial de la Salud recomienda que el 55-60% de la energía calórica total que nos suministran los alimentos diariamente sea en forma de hidratos de carbono, preferiblemente complejos (polisacáridos). Los azúcares simples no deberían suponer más del 5% de las calorías totales diarias ingeridas.

Los hidratos de carbono contenidos en los alimentos, como ya se ha comentado, a medida que se digieren se van transformado en unidades más simples, hasta que al final se convierten en monosacáridos (normalmente glucosa) y así son absorbidos, y pasan al torrente sanguíneo para ser conducidos a los tejidos que los necesiten. La glucosa también se puede transformar en lípidos en el hígado que posteriormente son transportados al tejido adiposo.

Pero la glucosa tiene también otros destinos:

* Ser transformada en **piruvato**, a través de la ruta metabólica conocida como glucólisis. Este metabolito es el sustrato fundamental que interviene en la obtención de energía por las principales rutas.

* Ser convertida a **pentosas**, a través de la vía denominada ruta de las pentosas, fosfato necesario para la generación de NADPH, coenzima que se utiliza en la biosíntesis de ácidos grasos y esteroides, y la formación de ribosa 5 fosfato, carbohidrato necesario para la síntesis de nucleótidos para la formación de ADN.

* Ser almacenada como **glucógeno** en hígado y músculos.

La **glucólisis** es una ruta metabólica formada por 10 reacciones enzimáticas, en la que una molécula de glucosa se transforma en dos moléculas de tres átomos de carbono llamado ácido pirúvico. En el proceso se invierte y se genera energía. El rendimiento energético final de la glucólisis es de 2 ATP puesto que se necesita gastar 2 ATP en las etapas iniciales para poner en marcha el proceso, pero en las finales se generan 4. El ATP (adenosin trifosfato) es la unidad biológica universal de energía ya que, al romperse, es la molécula que libera más energía.

Una vez tenemos ácido pirúvico o piruvato éste puede seguir dos rutas ya se encuentre en presencia o "ausencia" de oxígeno.

Cuando el suministro de oxígeno es abundante y los músculos no están trabajando intensamente, las células utilizan el piruvato de manera aeróbica, es decir, en presencia de oxígeno. En esta situación el piruvato pasa al interior de la mitocondria donde una serie de reacciones hacen posible la transformación en AcetilCoA (sustrato altamente energético), que es el iniciador del ciclo de Krebs. Este ciclo es un compendio de reacciones por las que el Acetil-CoA es degradado dando gran cantidad de unidades energéticas y CO_2 + H_2O, estos dos últimos expulsados a la atmósfera por la espiración. Las unidades energéticas producidas son de varios tipos:

- ATP, energía de utilización directa, no tiene que sufrir cambios para poder ser utilizada como energía.

- NADH y FADH, moléculas que ceden electrones a una cadena de transportadores electrónicos cuyo aceptor final es el oxígeno, por eso se denomina metabolismo aeróbico. Esta cadena se utiliza para formar ATP.

Como conclusión, podríamos decir que el **rendimiento energético neto** de una molécula de glucosa degradada completamente por la ruta aeróbica se resume en la siguiente fórmula:

$$C_6H_{12}O_6 + 6 O_2 \longrightarrow\!\!> 6 CO_2 + 6 H_2O + 36 ATP$$

Es un balance energético muy alto ya que la eficiencia de la maquinaria de producción de energía es de un 40%, es decir, de la energía contenida en una molécula de glucosa somos capaces de utilizar el 40%, el resto se disipa en forma de calor.

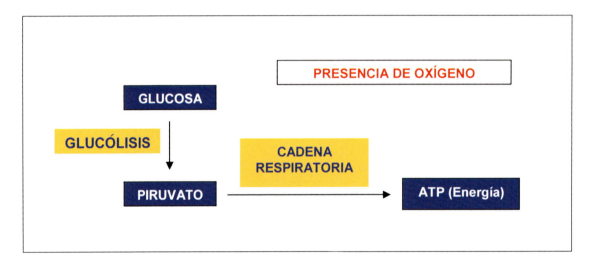

Figura 3.9. *Cuadro resumen de la degradación de la glucosa por la vía aeróbica.*

Cuando las células tienen un ritmo de trabajo elevado requieren alta cantidad de energía y carecen del oxígeno suficiente para seguir un metabolismo aeróbico, es decir, la necesidad de energía por unidad de tiempo es mucho mayor que la energía que se puede obtener por la vía del metabolismo aeróbico, entonces se recurre a la fermentación homoláctica, más conocida como **glucólisis anaeróbica,** llevada a cabo fuera de las mitocondrias.

En este caso, las moléculas de piruvato producidas en la glucólisis no se dirigen a la cadena respiratoria puesto que no hay oxígeno, pero como el organismo sigue necesitando energía de forma rápida y en ausencia de oxígeno, se sigue una ruta alternativa: transformar el piruvato en ácido láctico. No es la forma más energética, ya que únicamente rinde 2 ATP por molécula de glucosa metabolizada. Además disminuye el pH del músculo (aumenta la acidez), afectando de esta manera a la capacidad de contracción de las fibras musculares, pero es una buena forma de obtener energía de manera rápida.

El balance energético obtenido de la degradación de la glucosa por la vía anaeróbica es únicamente 2 ATP. Podríamos resumir la glucólisis anaeróbica mediante la siguiente reacción:

$$C_6H_{12}O_6 \longrightarrow 2 \text{ Ácido láctico} + 2 \text{ ATP}$$

El ácido láctico producido se disocia totalmente, originando lactaro y H+, que debe ser tamponado en las células musculares por el sistema amortiguador más importante: el bicarbonato. Como consecuencia de ello se incrementará la producción de CO_2 por la célula muscular durante el ejercicio intenso.

Una correcta planificación del entrenamiento mejora el sistema de tamponamiento y por lo tanto, permite aumentar la duración del ejercicio intenso.

El ácido láctico ha de ser reconvertido en piruvato y para ello requiere de oxígeno, por eso después del ejercicio se sigue respirando con una frecuencia elevada. Aumenta la concentración de oxígeno en sangre. La demanda de ATP por unidad de tiempo ha disminuido y el ácido láctico se convierte en ácido pirúvico de nuevo.

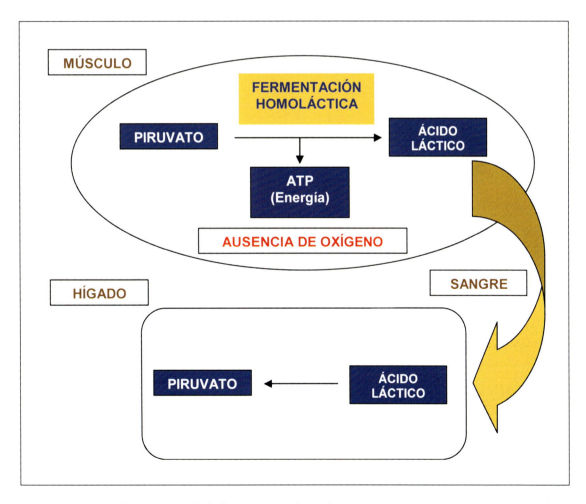

Figura 3.10. *Cuadro resumen de la fermentación homoláctica.*

3.5. INTERÉS NUTRICIONAL DEPORTIVO

Los **hidratos de carbono**, fundamentalmente el **glucógeno** y la **glucosa**, constituyen el sustrato energético más importante para la fibra muscular activa durante el ejercicio físico, de tal forma que una de las principales causas de fatiga muscular se asocia a la falta de disponibilidad de carbohidratos para la obtención de energía. Si no existe una disponibilidad adecuada de glucosa durante el ejercicio, la intensidad de éste disminuirá, ya que la energía proveniente de la oxidación de los lípidos y/o de las proteínas no genera tanta energía por unidad de tiempo como los hidratos de carbono.

Así pues, asegurar un aporte de carbohidratos a las fibras musculares activas durante todo el tiempo que sea necesario, resulta esencial no sólo para retrasar la aparición de la fatiga, sino también para elevar el rendimiento deportivo.

La ingesta de hidratos de carbono es fundamental en cualquier tipo de situación deportiva, pero especialmente en aquéllas que su duración es superior a una hora.

Hace ya más de treinta años quedó demostrado mediante biopsias musculares que la realización de ejercicios submáximos (se entiende como ejercicio submáximo el realizado alrededor del 80-85% de la intensidad máxima) de larga duración exigía una continua disponibilidad de glucosa. Cuando los depósitos de glucógeno muscular eran bajos, aparecía la fatiga, de tal forma que aquellos deportistas que comenzaban el ejercicio con mayores concentraciones de glucógeno tendían a resistir el esfuerzo durante más tiempo que los que lo hacían con bajas concentraciones. Esto tuvo como resultado el diseño de estrategias dirigidas a realizar cambios en la alimentación y el entrenamiento, todos ellos destinados a incrementar los depósitos orgánicos de glucógeno, para así, aumentar el rendimiento deportivo.

Estos cambios perseguían realizar una carga de carbohidratos durante los dos o tres días previos al esfuerzo, entendiendo éste como ejercicio de resistencia **submáximo,** pensando que así se podría aumentar el rendimiento, sobre todo en aquellos esfuerzos donde la demanda de glucógeno muscular es muy grande.

El primer nombre que se le dio a este tipo de dieta fue el de «**dieta disociada escandinava**». Comenzaba 6-7 días antes de la competición: durante tres días se entrenaba a gran intensidad y se reducía casi a cero la ingesta de carbohidratos (se comían proteínas y grasas), y durante los otros tres se reducía el entrenamiento exclusivamente a ejercicios de elasticidad a la vez que la proporción de carbohidratos que se consumía era como mínimo del 80% de las calorías totales.

Actualmente, se conoce como **carga de carbohidratos** y es una variación de la anterior, donde no se dejan de consumir carbohidratos durante los primeros tres días, aunque sí se reduce su proporción, ya que se ha comprobado que los resultados de la carga son los mismos, de este modo se reducen los desagradables efectos del entrenamiento con prácticamente "cero" carbohidratos.

Lo que sí está demostrado también, es que para una misma intensidad de esfuerzo los deportistas muy entrenados en resistencia utilizan menos glucógeno que los peor entrenados. Esto es así porque los primeros han desarrollado una mayor capacidad aeróbica que los segundos y ello les permite seguir utilizando los ácidos grasos como sustratos energéticos para una misma intensidad de esfuerzo, lo cual conduce a un mayor ahorro de glucógeno. Ahora bien, tanto los unos como los otros necesitan seguir consumiendo una dieta muy rica en carbohidratos, ya que constituyen el principal sustrato energético muscular en esfuerzos intensos y/o prolongados.

Por ello, las dietas deben contener como mínimo un 55-60% de la ingesta calórica total en forma de carbohidratos. Así pues, una dieta de 2.500 kcal diarias debe contener un mínimo de 310 g de carbohidratos, que representan aproximadamente 4,5 g por kilo de peso del deportista y día.

Ahora bien, para ejercicios de moderada o alta intensidad y de duración no superior a una hora se requieren ingestas de carbohidratos del orden de 6-7 gramos por kilo de peso y día. Para conseguir estas ingestas son de gran ayuda los llamados suplementos dietéticos específicamente formulados para deportistas, ya que a la vez de carbohidratos, contienen otro tipo de nutrientes como minerales y vitaminas que facilitan la utilización metabólica de los carbohidratos.

IMPORTANCIA DE LOS CARBOHIDRATOS EN EL DEPORTE
La falta de carbohidratos disminuye el rendimiento y acelera la aparición de la fatiga.
La administración de carbohidratos mantiene el rendimiento y retrasa la fatiga.
Una dieta rica en carbohidratos mejora el rendimiento durante los esfuerzos de varios días de duración.
Las dietas bajas en carbohidratos retrasan la recuperación postejercicio y disminuyen el rendimiento.

Figura 3.11. Importancia de los carbohidratos en el deporte.

3.5.1. Ingesta de carbohidratos antes del ejercicio

Para provocar la mencionada carga de carbohidratos, se recomienda una ingesta de 9-10 gramos por día y kilo de peso los tres o cuatro últimos días previos a la competición.

Parece ser que todos los alimentos con elevado contenido en hidratos de carbono son igualmente válidos para elevar los depósitos musculares de glucógeno, cualquiera que sea su índice glucémico.

La última ingesta antes de la realización de un ejercicio (300-500 kcal) debe realizarse alrededor de las 3 horas antes del inicio del mismo. Será rica en carbohidratos de fácil digestión y deberá poseer un **bajo índice glucémico para evitar las hipoglucemias relativas.**

3.5.2. Ingesta de carbohidratos durante el ejercicio

Como ya se ha expuesto anteriormente, la ingesta de alimentos durante el ejercicio físico está solamente justificada en esfuerzos de larga duración superiores a una hora.

Para mayor comodidad del deportista, se puede recurrir a suplementos dietéticos especialmente formulados para deportistas, ricos en carbohidratos y fáciles de transportar y digerir, como barritas energéticas, «alimentos líquidos», o bebidas con sales minerales.

Figura 3.12. *Suplementos dietéticos para deportistas.*

Este tipo de productos, tanto si son sólidos como líquidos, deben aportar al menos un 75% de carbohidratos con elevado índice glucémico, para que su aprovechamiento metabólico sea máximo. Además, deben contener 0,05 mg de vitamina B_1 (tiamina) por cada 100 kcal, ya que para la correcta transformación de carbohidratos en energía es imprescindible la presencia de esta vitamina. Esto representa 0,2 mg de tiamina por cada 100 gramos de carbohidratos.

3.5.3. Ingesta de carbohidratos después del ejercicio

Para todo deportista que esté llevando a cabo un intenso programa de entrenamiento diario, o bien se encuentre inmerso en una competición de varios días de duración, **le resulta esencial la rápida recuperación de los depósitos musculares y hepáticos de glucógeno, de no ser así, no podrá alcanzar sus objetivos**.

Hay dos aspectos relacionados con el metabolismo de los carbohidratos que están perfectamente demostrados:

• **La resíntesis de glucógeno es más rápida durante las primeras horas postejercicio.** Por ello, si se ingieren carbohidratos inmediatamente después de terminado éste, la velocidad de resíntesis del glucógeno es mayor que si la ingesta se realiza más tarde.

• Tras finalizar el ejercicio existe un aumento de permeabilidad de la membrana plasmática de la fibra muscular a la glucosa, debido a la activación de las proteínas transportadoras de glucosa.

Por ello, tras el ejercicio, para lograr una más rápida recuperación de los depósitos de glucógeno, **los carbohidratos más convenientes son aquellos que poseen un índice glucémico alto,** ya que no sólo proporcionan glucosa con mayor velocidad, sino que además provocan una mayor liberación de insulina, la cual, unida a la acción de las proteínas transportadoras de glucosa, aumentan su disponibilidad en los tejidos durante los períodos de recuperación.

Así pues, **se recomienda iniciar la ingesta de 1 g de carbohidratos con alto índice glucémico por kilo de peso nada más finalizar el ejercicio y proseguir con 0,5 gramos por kilo de peso a intervalos de una hora durante las primeras 6 horas de recuperación**. Esto aumenta la velocidad de resíntesis de glucógeno hasta un 50% con respecto a la que existiría si no se produce dicha ingesta.

El objetivo ideal es llegar a ingerir 10 gramos de carbohidratos por kilo de peso durante las primeras 24 horas de recuperación, una vez acabado el ejercicio.

El ingerir más cantidad de carbohidratos no parece provocar mayores velocidades de resíntesis de glucógeno, ahora bien, si se **añaden proteínas** a esta ingesta, sí se logran mayores velocidades de resíntesis, para lo cual estas proteínas deben ser muy fácilmente digeribles o estar formadas por una mezcla de hidrolizado proteico y aminoácidos.

Por ello, el uso de un suplemento dietético perfectamente estudiado para este fin es la mejor manera de lograr estos objetivos.

3.6. INTOLERANCIAS DIGESTIVAS A LOS HIDRATOS DE CARBONO

Las intolerancias digestivas pueden ser congénitas o bien deberse a otras enfermedades intestinales. Dentro de la intolerancia digestiva congénita encontramos la mala absorción de glucosa, fructosa, galactosa y lactosa, siendo esta última la más frecuente, que es conocida como **intolerancia a la lactosa** y que por su elevada incidencia se comenta a continuación.

3.6.1. Intolerancia a la lactosa

Como hemos visto anteriormente, la **lactosa** es un disacárido formado por una molécula de **glucosa** y otra de **galactosa**. Cuando la lactosa llega al intestino delgado es dividida en estas dos moléculas por una enzima llamada **lactasa**, con el fin de que puedan ser absorbidas y transportadas al torrente sanguíneo.

Algunas personas nacen sin lactasa, otras tienen muy poca, y otras producen menos enzima conforme aumenta su edad. Cuando la cantidad de lactasa es baja o inexistente, la lactosa no puede ser digerida en el intestino delgado y pasa al intestino grueso, donde es fermentada por la flora intestinal. Esto provoca náuseas, diarrea, gases, calambres e hinchazón del vientre.

Esta intolerancia afecta al 75% de la población mundial. Su incidencia en humanos depende directamente de la raza y la edad que tenga el individuo. Hay ciertos grupos de población que se ven afectados en mayor medida por esta enfermedad. Así, es más frecuente la aparición de la intolerancia a la lactosa en grupos asiáticos. En Asia, aproximadamente el 90% de la población padece este trastorno intestinal. También es frecuente, aunque en menor medida, en grupos africanos, hispánicos y los procedentes del sur de la India. En España la intolerancia a la lactosa afecta entre el 19 y el 28% de la población.

ALIMENTOS QUE CONTIENEN LACTOSA	ALGUNOS ALIMENTOS QUE PUEDEN CONTENER LACTOSA
Leche	Pasteles
Batidos de leche	Fiambres y embutidos
Queso	Puré de patatas
Crema de leche	Bollería
Postres lácteos	Galletas
Mantequilla y margarina	Precocinados
Helados	Cereales enriquecidos
Salsa bechamel	Sopas instantáneas
	Tartas
	Sucedáneos de chocolate

Figura 3.13. Alimentos que contienen o pueden contener lactosa.

3.7. DIABETES

Podemos definir la diabetes como un conjunto de enfermedades metabólicas de etiología y clínica heterogénea, caracterizadas por presentar elevadas cifras de glucemia, tanto en ayunas como a lo largo del día, como resultado de defectos en la secreción de insulina, en la acción de la misma o ambas. La hiperglucemia crónica en la diabetes se asocia con lesiones a largo plazo, fundamentalmente en los ojos, riñón, sistema nervioso y corazón.
Pueden considerarse los siguientes tipos:

Diabetes tipo 1: incapacidad para producir insulina por afectación de las células beta pancreáticas, de etiología autoinmune o idiopática. También se la conoce como diabetes insulinodependiente, aunque la tipo 2 puede llegar a ser también insulinodependiente con el paso del tiempo.

Diabetes tipo 2: producción pancreática insuficiente o resistencia hepática y muscular a la insulina.

Diabetes gestacional: cuando la hiperglucemia aparece durante el embarazo.

Otros tipos específicos:

• Defectos genéticos que afectan a la función de las células beta o a la acción de la insulina.

CAUSAS DE LA DIABETES
Predisposición genética
Factores inmunológicos
Obesidad
Sedentarismo

Figura 3.14. Causas de la diabetes.

• Asociada a alteraciones del páncreas exocrino.
• Asociada a endocrinopatías.
• Inducida por fármacos.
• Asociada a infecciones.
• Asociada a síndromes genéticos.

Como vimos en páginas anteriores, la glucosa es necesaria para que las células obtengan energía. Para que las células puedan hacer uso de ella, es necesaria la actuación de una hormona denominada insulina, que permite el paso de la glucosa sanguínea a las células.

Esta hormona la producen las células beta del páncreas. Cuando se ingieren hidratos de carbono, el páncreas libera insulina al torrente sanguíneo. Pero para que la insulina cumpla su misión han de cumplirse ciertas condiciones, fundamentalmente, que el páncreas segregue la insulina suficiente y que las células del organismo sean capaces de reconocer esa insulina y de esta forma permitir que actúe. El fallo en alguna de estas condiciones origina niveles elevados de glucosa en sangre.

Un factor importante a tener en cuenta, que predispone a la aparición de la diabetes es la obesidad.

Aunque en muchos casos, sobre todo en los comienzos de la diabetes tipo 2, existe poca sintomatología, hasta el punto que puede pasar desapercibida, una vez instaurada la enfermedad, los síntomas principales se recogen en la siguiente tabla:

SÍNTOMAS DE LA DIABETES
Micción frecuente
Sed excesiva
Cansancio y debilidad
Pérdida de peso
Cambios de ánimo
Malestar en el estómago y vómitos
Vista nublada
Curación lenta de heridas
Infecciones en la piel, encías o vejiga
Hambre inusual

Figura 3.15. Síntomas de la diabetes.

El tratamiento de la diabetes se basa en la dieta, ejercicio físico y medicación, y lo que se pretende es mantener el nivel normal de glucosa en sangre. Dependiendo del tipo de diabetes se llevará a cabo un tratamiento u otro.

Podemos distinguir dos tipos de diabetes:

• **Diabetes tipo 1**: Se debe procurar comer todos los días a la misma hora y que esto coincida con la dosis de insulina pautada por el médico. La cantidad de comida y el contenido en carbohidratos, proteínas y grasas deben ser respetados todos los días. Es importante la realización de actividad física.

- **Diabetes tipo 2**: En este tipo de diabetes es fundamental controlar el peso, ya que una gran proporción de los diabéticos de este tipo presentan sobrepeso. Es recomendable una dieta que controle las calorías y realizar actividad física.

En general se recomienda reducir el consumo de grasa (30% de las calorías diarias totales), azúcares simples y sal e incrementar la fibra y los azúcares complejos (50 al 60% de la ingesta total de calorías).

3.8. ALIMENTOS QUE CONTIENEN HIDRATOS DE CARBONO

Para finalizar este capítulo dedicado a los hidratos de carbono es conveniente que conozcamos los alimentos principales que los contienen y en qué cantidad. Para ello, hemos elaborado la siguiente tabla donde se expresa la cantidad de hidratos por cada 100 gramos de porción comestible.

ALIMENTO	HIDRATOS DE CARBONO (por cada 100 g)
Azúcar blanco	99,0
Azúcar moreno	96,0
Copos de maíz y pastas	83,0
Harina de trigo	82,0
Miel	79,0
Arroz	78,0
Uvas pasas	77,0
Mermelada y galletas	75,0
Pan	62,0
Garbanzos	56,0
Judías	50,0
Lentejas	51,0
Pan integral	48,0
Masa de pizza	47,0
Patatas fritas	34,0
Plátano	21,0
Almendra	19,0
Yogur	17,0
Manzana	12,0
Refrescos	11,0
Naranja	9,0
Zanahoria	7,0

Figura 3.16. Tabla de alimentos que contienen hidratos de carbono.

LÍPIDOS O GRASAS

Desde el punto de vista químico, estas sustancias pertenecen a un grupo muy heterogéneo de compuestos. Todos ellos presentan como característica común su insolubilidad en agua.

4.1. ACEITES Y GRASAS

Para facilitar su comprensión, hablaremos de **aceites y grasas**, entendiendo por **aceites** aquellos lípidos de consistencia líquida a temperatura ambiente (alrededor de los 15-25 grados centígrados) y **grasas** a los lípidos de consistencia sólida a la misma temperatura.

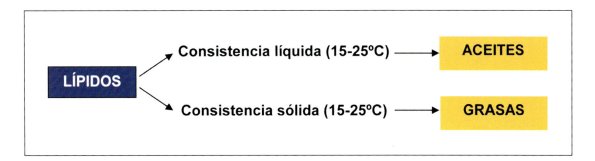

Figura 4.1. Clasificación de los lípidos según su consistencia.

En los alimentos, los lípidos están normalmente en forma de unos compuestos llamados **triglicéridos**, que están formados por una molécula de glicerina y tres ácidos grasos. Su rendimiento energético es de 9 kcal por gramo.

Otros lípidos alimentarios son los llamados **lípidos complejos** (glicerofosfolípidos y esfingolípidos), con funciones básicamente estructurales y funcionales.

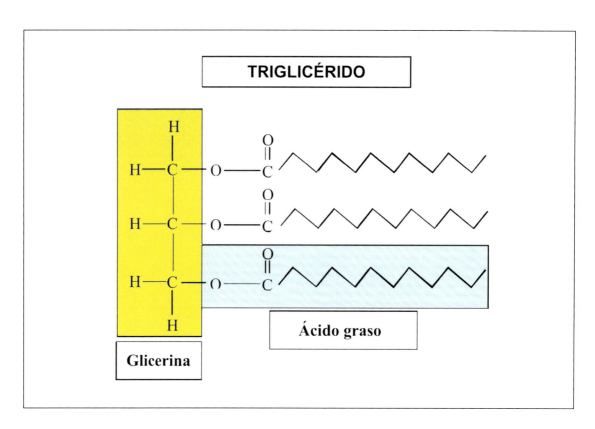

Figura 4.2. *Esquema de un triglicérido.*

No podemos olvidar otra sustancia lipídica de extraordinario valor biológico: el colesterol.

4.1.1. Ácidos grasos

Los ácidos grasos son sustancias químicas formadas básicamente por átomos de carbono e hidrógeno de diferentes longitudes de cadena, responsables del comportamiento fisiológico de muchas grasas. Estas cadenas acaban con dos átomos de oxígeno.

Pueden ser de varios tipos:

- **Ácidos grasos saturados.** Los átomos de carbono tienen todos sus lugares de unión ocupados. Son sólidos a temperatura ambiente. Los más abundantes son el **ácido palmítico** y el **esteárico**. Su ingesta no debe exceder del 7-8% del total calórico diario.

- **Ácidos grasos monoinsaturados.** Dos de sus átomos de carbono contiguos tienen cada uno un lugar desocupado, y formna lo que se llama un doble enlace. El más conocido es el **ácido oleico**, presente en el **aceite de oliva**. Su acción fisiológica es muy beneficiosa, ya que **reduce ligeramente el colesterol plasmático** a expensas del colesterol LDL, y también favorece la formación de compuestos con acción antiagregante y vasodilatadora (impide la formación de trombos o coágulos sanguíneos y aumenta el diámetro de las venas y arterias). Se aconseja que su ingesta represente el 15 ó 20% de la ingesta calórica total diaria.

- **Ácidos grasos poliinsaturados.** Son aquellos en que dos o más de sus átomos de carbono tienen lugares desocupados. Están fundamentalmente en los **pescados azules** y en algunas **semillas vegetales,** como el **girasol, la soja o el sésamo.** Sus efectos sobre la salud son muy beneficiosos, siendo el más conocido la **disminución del colesterol y los triglicéridos** en sangre. Se conocen comúnmente como ácidos grasos **omega 6** (ω 6) y **omega 3** (ω 3). Dos de estos ácidos grasos poliinsaturados son esenciales, esto es, debemos ingerirlos mediante la alimentación porque el organismo no puede sintetizarlos: son los ácidos **linoleico** (es un ω 6) y **linolénico** (un ω 3). A partir del primero se puede sintetizar en la edad adulta el ácido **araquidónico**, que se considera también esencial en las primeras etapas de la vida. Para un individuo adulto, una ingesta adecuada de ácidos omega 6 (linoleico + araquidónico) debe estar alrededor del 4% de la energía total y los ácidos omega 3 (expresados como linolénico + araquidónico) representarán un 1%.

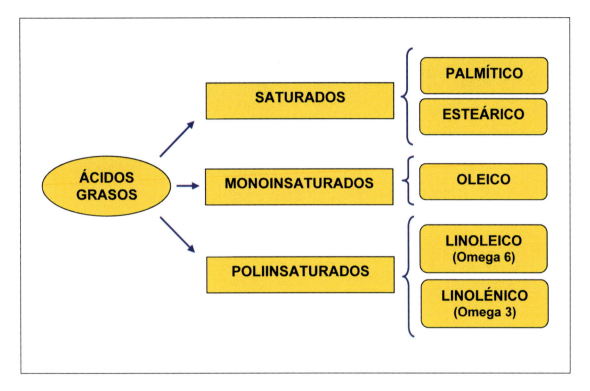

Figura 4.3. Clasificación simple de los ácidos grasos.

4.1.2. Colesterol

El **colesterol** es una grasa que tiene múltiples funciones en el organismo, aunque sea más conocido por sus efectos perjudiciales sobre la salud cardiovascular.

Forma parte de las membranas celulares y es precursor de sustancias imprescindibles para la vida, como las llamadas hormonas esteroides (cortisol, hormonas sexuales femeninas y masculinas), ácidos biliares y vitamina D.

En el organismo es sintetizado fundamentalmente por el hígado, por lo que sus niveles sanguíneos guardan un equilibrio entre el colesterol que ingerimos mediante la alimentación y el que nosotros mismos fabricamos. Si las concentraciones sanguíneas son demasiado elevadas, se puede ir depositando en arterias y venas, para después oxidarse y quedarse literalmente «pegado» a sus paredes, de esta forma disminuye el diámetro de los vasos sanguíneos hasta el punto de cerrarse por completo. Por ello, concentraciones elevadas de colesterol en sangre constituyen uno de los riesgos más importantes de la llamada **enfermedad cardiovascular** (arteriosclerosis, infarto cerebral y cardíaco).

El consumo de grasa saturada aumenta los niveles de colesterol en sangre, mientras que el de grasa insaturada los disminuye.

Normalmente el colesterol va unido a proteínas formando lipoproteínas. En el **hígado** se unen el colesterol y los triglicéridos formando las denominadas **lipoproteínas de muy baja densidad o VLDL**. Las lipoproteínas de muy baja densidad se transforman gradualmente en lipoproteínas de densidad intermedia (IDL), baja (LDL) o alta (HDL) a medida que se van desprendiendo lípidos y proteínas. Por ello, en los tejidos adiposo y muscular las partículas VLDL se transforman en IDL ya que los triglicéridos han quedado en el tejido. En sangre las partículas IDL se transforman en LDL que abandonan la circulación y se unen a receptores del hígado y de otras células. Las partículas HDL son las encargadas de transportar el colesterol desde los tejidos al hígado, donde se podrá eliminar, por ejemplo, como ácidos biliares.

El colesterol que va unido a las partículas HDL se denomina coloquialmente colesterol «bueno» y el que va unido a las LDL se conoce como colesterol «malo» ya que es el responsable de la aparición de aterosclerosis.

ALIMENTOS CON COLESTEROL	
Alimento	Colesterol (mg/100 mg alimento)
Sesos	2.000
Yema de huevo	1.560
Hígados/riñones	300-400
Queso graso	120
Embutidos	80-100
Pollo	80-100
Ternera	80-100
Cordero	77
Cerdo	70-80
Pavo	60-70
Jamón curado	50-60
Margarina	60
Mantequilla	28
Leche entera	15
Leche desnatada	3

Figura 4.4. Alimentos que contienen colesterol.

4.2. DIFERENTES TIPOS DE GRASAS ALIMENTARIAS

4.2.1. Grasas saturadas

Los ácidos grasos saturados se encuentran en todas las grasas y aceites aunque están, fundamentalmente, en aquellas de origen animal. Principalmente, estas grasas se encuentran en la carne, y son las responsables en personas sanas del aumento del colesterol en sangre.

También contribuyen a que el colesterol se adhiera a las paredes de las arterias y aumnete el riesgo de aparición de la enfermedad cardiovascular a largo plazo. Es interesante destacar también que se encuentran en productos vegetales como los aceites vegetales de palma y coco, ampliamente empleados para la fabricación de pastelería y bollería industrial, siendo muy ricos en ácidos grasos saturados. Otros de los alimentos que contienen grasas saturadas son la mantequilla, la manteca, los embutidos y la leche.

Las grasas saturadas deben ingerirse en una cantidad inferior al 10% de las kilocalorías que consumimos diariamente.

ALIMENTOS CON GRASAS SATURADAS
Carne
Crema de cacao
Aceites de palma y coco
Mantequilla
Manteca
Embutidos
Huevos
Leche

Figura 4.5. Alimentos que contienen grasas saturadas.

4.2.2. Grasas insaturadas

Al contrario que las grasas saturadas, las insaturadas son beneficiosas para la salud. Como vimos anteriormente podemos distinguir entre:

- **Grasas monoinsaturadas**: tienen un doble enlace en su estructura y son líquidas a temperatura ambiente. Son importantes nutricionalmente ya que disminuyen la concentración de colesterol «malo» (LDL). La grasa representativa de este grupo es el aceite de oliva. Se aconseja que su ingesta esté alrededor del 15-20% de las calorías totales diarias.

- **Grasas poliinsaturadas**: presentan más de un doble enlace en su estructura y son importantes porque ayudan a reducir el colesterol «malo» (LDL). Encontramos estas grasas en aceites de maíz, girasol, soja, pescado, etc. El aceite que contiene omega 3 ayuda a reducir los triglicéridos y actúa como anticoagulante, previniendo de esta forma el riesgo de infarto. El omega 3 se encuentra fundamentalmente en el pescado y sobre todo en la

ALIMENTOS CON GRASAS MONOINSATURADAS	ALIMENTOS CON GRASAS POLIINSATURADAS
Aceite de oliva	Aceite de pescado
Aceite de aguacate	Aceite de maíz
Aceite de cacahuete	Almendras

Figura 4.6. Alimentos que contienen grasas monoinsaturadas y poliinsaturadas.

caballa, bonito, sardina, anchoa y jurel. El consumo diario de ácidos grasos omega 6 debe ser inferior al 7% de las calorías totales ingeridas diariamente. La proporción entre la ingesta de ácido linoleico (omega 6) en relación con los omega 3 debe oscilar entre 5:1 y 10:1, aunque en deportistas aconsejamos que se acerque más a 5:1, por las connotaciones sobre los efectos que estos ácidos grasos tienen sobre la producción de sustancias reguladoras de la inflamación (eicosanoides).

Es aconsejable un aporte de grasas no superior al 30-35% de las kilocalorías consumidas diariamente.

4.3. DIGESTIÓN Y ABSORCIÓN

La digestión de las grasas comienza en la boca donde el alimento se disgrega en partículas más pequeñas y donde actúa la enzima denominada **lipasa lingual**.

Posteriormente, la digestión continúa en el estómago, actuando sobre las partículas de grasa tanto la lipa como la lipasa gástrica, ya que estas enzimas no se inactivan en medio ácido.

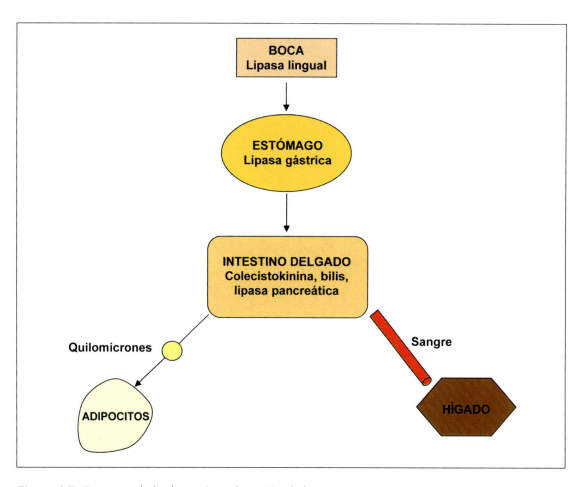

Figura 4.7. Esquema de la digestión y absorción de las grasas.

Seguidamente, en el intestino delgado, concretamente en el duodeno y yeyuno, la presencia de ácidos grasos produce la liberación de **colecistokinina,** que activa la contracción de la vesícula biliar y, de esta manera, se produce la liberación de la **bilis** que emulsiona las grasas y, a la vez, ayuda a reducir la acidez que todavía tiene el contenido intestinal en esa zona. De esta manera se felicita la acción enzimática de la **lipasa pancreática.** De esta forma se obtienen finalmente monoglicéridos (una molécula de glicerol y un ácido graso), ácidos grasos, glicerol y colesterol.

Como este es un manual básico de nutrición deportiva, para simplificar el proceso de la absorción de las grasas y facilitar así su comprensión, diremos que todos estos compuestos se absorben y pasan a la sangre que los transportará hasta el hígado.

Este proceso de absorción de las grasas es muy eficiente, puesto que la excreción media diaria en heces es de tan sólo 4-6 gramos con ingestas de alrededor de 100 gramos.

4.4. METABOLISMO LIPÍDICO

Las grasas procedentes de la dieta que no son utilizadas en el metabolismo diario se acumulan en forma de triglicéridos dentro de los adipocitos (células específicas del tejido adiposo) con la función de servir de reserva energética en caso de necesidad.

Como ya se ha descrito en el capítulo anterior, el glucógeno es la fuente energética de primer orden en situaciones de ejercicio físico intenso, pero cuando los niveles de estos depósitos disminuyen, nuestro organismo debe recurrir a otra fuente energética: los lípidos.

El primer paso es la movilización de los mismos desde el tejido adiposo hasta las células que necesitan la energía. El proceso de división de triglicéridos en ácidos grasos y glicerol se denomina lipólisis. Posteriormente, los ácidos grasos pasan al torrente sanguíneo para ser transportados a los diferentes tejidos. Este proceso se ve favorecido por niveles bajos de glucosa en sangre.

Una vez dentro de las células, serán transformados en moléculas más pequeñas (AcetilCoA, que ya pueden entrar en la ruta aeróbica de producción de energía que vimos en el capítulo anterior).

Para que este proceso se lleve a cabo, los ácidos grasos han de atravesar la membrana mitocondrial y entrar en la mitocondria de la célula, que es el orgánulo celular donde serán transformados en energía. Los ácidos grasos son tan sumamente grandes que necesitan un transportador para poder entrar dentro de la mitocondria y así poder ser metabolizados. A este transportador se le llama **L-carnitina.**

La presencia en la dieta de **este transportador favorece la movilización de lípidos para ser degradados** y transformados en energía, de tal forma que cuanto más L-carnitina haya en la célula, mayor capacidad de transporte de ácidos grasos tendrá, y por lo tanto, mayor cantidad de energía producirá a partir de las grasas.

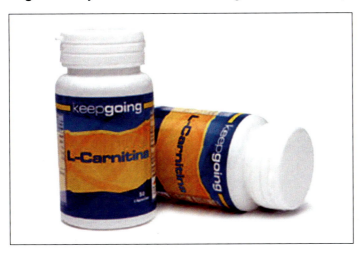

Figura 4.8. *Suplemento nutricional de L-carnitina.*

4.5. PRINCIPALES FUNCIONES DE LAS GRASAS EN EL ORGANISMO

Las funciones de los lípidos son muy variadas:

- **Función estructural.** Forman parte de las membranas celulares y de las vainas de las células del sistema nervioso.

- **Función de reserva.** Son las principales sustancias de reserva del organismo, de tal forma que la mayor parte de los nutrientes contenidos en los alimentos que ingerimos, si no son utilizados, se transforman en grasas (triglicéridos) y se almacenan.

- **Función energética.** Su contenido energético es mucho más elevado que el de los hidratos de carbono y proteínas. Un gramo de grasa genera, por término medio, 9 kcal, pero su conversión en energía es más lenta que la de los hidratos de carbono, por lo que no pueden generar tanta energía por unidad de tiempo, aunque la cantidad total de ésta almacenada en forma de grasa en nuestro organismo es muchísimo mayor.

- **Función protectora y aislante térmico.** Mientras no se utilizan metabólicamente, cumplen funciones mecánicas, ya que se concentran en diferentes puntos del organismo, protegiendo órganos, al mismo tiempo que aíslan al cuerpo frente a las pérdidas de calor.

- **Función reguladora.** Algunos lípidos actúan como hormonas y vitaminas (corticosteroides, hormonas sexuales, vitamina D, etc.).

- **Funciones específicas.** Receptores específicos de superficie de membrana.

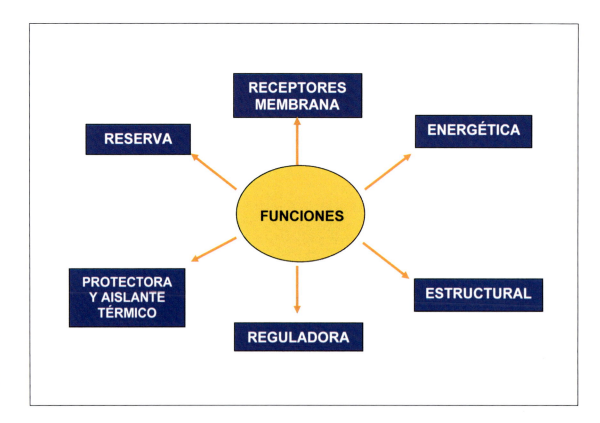

Figura 4.9. *Funciones de los lípidos.*

4.6. INTERÉS NUTRICIONAL DEPORTIVO

Los ácidos grasos esenciales son componentes de las membranas y estructuras celulares y determinan en gran medida la elasticidad y rigidez de las células musculares y sanguíneas, que sufren un gran estrés durante el ejercicio aeróbico exhaustivo.

También existen diferentes factores que determinan el uso de grasas como sustrato energético durante el ejercicio físico o competición deportiva. Estos pueden ser la intensidad, duración o volumen del ejercicio, la disponibilidad de ácidos grasos libres en sangre. A medida que la intensidad del ejercicio se reduce y el volumen aumenta, se hace mayor la importancia de los lípidos como sustrato energético para la contracción del músculo.

Las grasas son la fuente principal de energía para ejercicios aeróbicos de una o más horas de duración y de intensidad relativamente baja, ya que en ellas se almacena una alta cantidad de energía (9 kcal).

Durante un ejercicio prolongado de intensidad moderada los ácidos grasos contenidos en la sangre son una fuente importante para la producción de ATP a través del metabolismo aeróbico. La presencia de elevados niveles de ácidos grasos libres permiten su utilización y oxidación muscular, lo que comporta un ahorro del glucógeno muscular y, por tanto, se consigue un mayor rendimiento deportivo.

Aunque no hay datos que sugieran la mejora de la capacidad aeróbica mediante la suplementación con estas sustancias, parece ser que los ácidos grasos esenciales de cadena larga (eicosapentanoico, docosohexanoico y gamma-linolénico), pueden disminuir la respuesta inflamatoria al estrés físico que comporta el entrenamiento intenso.

Por ello parece razonable su consumo en forma de complementos dietéticos si existen dudas sobre su aporte necesario mediante los alimentos que componen la dieta diaria. Recordemos que estas sustancias se encuentran fundamentalmente en el pescado azul (sardina, atún, salmón, caballa, arenque).

Algunos suplementos nutricionales tienen en su formulación un equilibrado porcentaje de estos ácidos grasos, junto con otros nutrientes necesarios para cualquier tipo de dieta.

Figura 4.10. *Suplemento alimenticio que aporta ácidos grasos esenciales.*

4.6.1. MCT (Triglicéridos de Cadena Media):

Es interesante destacar aquí el papel que tienen los **Triglicéridos de Cadena Media** (conocidos como **MCT** o **aceite MCT**) en la nutrición deportiva. Se denominan así porque son triglicéridos en los que la longitud de los ácidos grasos que los componen está entre 6 y 10 átomos de carbono. Esta longitud corta de las cadenas les aporta unas características que los diferencian del resto de las grasas alimentarias.

La mayoría de grasas de nuestra dieta habitual están formadas por triglicéridos de cadena larga (LCT), no conteniendo los de cadena media (MCT).

Los MCT tienen un tamaño molecular pequeño, son líquidos a temperatura ambiente y más solubles en agua que los LCT, que son sólidos e insolubles en agua.

Todas estas características los hacen potencialmente importantes para los deportistas, ya que son digeridos rápidamente y absorbidos en el intestino, desde donde se transportan directamente al hígado sin necesidad de circular a través de la linfa. Además, cuando son liberados al torrente sanguíneo, los MCT pueden circular libres o unidos a la albúmina, mientras que los LCT solamente lo pueden hacer unidos a la albúmina.

Pero hay otra importante diferencia que los hace muy interesantes desde el punto de vista de la obtención de energía: los ácidos grasos, una vez en el interior de la célula, antes de que puedan ser oxidados, recordemos que deben ser transportados al interior de la mitocondria. Pues bien, los ácidos grasos provenientes de los MCT no necesitan del transportador L-carnitina para penetrar a través de la membrana mitocondrial, lo cual hace que la disponibilidad de L-carnitina que en ese momento tenga la célula, no sea en ningún momento un factor limitante para su transformación en energía.

Todo ello unido a que los MCT contienen el doble de energía que los hidratos de carbono, hace muy interesante su utilización para los deportistas. Solamente hay un problema importante, y es que la ingesta de cantidades importantes puede provocar problemas gástricos. Por ello se recomienda que la toma de MCT no exceda de los 30 gramos en cada toma y si se realiza más de una, deben separarse, al menos, una hora.

4.7. PATOLOGÍAS MÁS COMUNES RELACIONADAS CON LAS GRASAS

Entre las patologías relacionadas con las grasas podemos destacar la aterosclerosis, la hipercolesterolemia, la obesidad y la esteatosis.

4.7.1. Aterosclerosis

La palabra aterosclerosis proviene del griego *athero* (pasta) y *skleros* (duro). Es una enfermedad producida por la acumulación de grasa a modo de placas (ateromas) en la parte interna de las paredes de las arterias. Conforme estas placas van creciendo se va produciendo un estrechamiento de la luz arterial y, por lo tanto, el flujo sanguíneo disminuye. Además, si en un momento determinado esta placa se rompe se puede formar un coágulo que puede llegar a bloquear la circulación sanguínea y, como consecuencia, los órganos abastecidos de sangre por la arteria afectada se verán privados de oxígeno y sus células llegarán a sufrir importantes daños e incluso podrán llegar a morir.

La aterosclerosis afecta, fundamentalmente, a arterias del corazón, cerebro, brazos y piernas. Si la arteria afectada es del cerebro se puede producir un ictus y si es del corazón se puede producir un infarto de miocardio.

La hipercolesterolemia (nivel elevado de colesterol), baja concentración de HDL, diabetes, tabaquismo, hipertensión arterial, obesidad, etc., son algunos de los factores que pueden inducir la aparición de aterosclerosis.

4.7.2. Hipercolesterolemia

La hipercolesterolemia es una enfermedad producida por la presencia de colesterol en sangre por encima de los niveles normales. Se considera que una persona está afectada de hipercolesterolemia cuando el nivel de colesterol en sangre es superior a 200 mg/dl. Este valor se ha ido rebajando en los últimos años, conforme se han ido conociendo más datos sobre el metabolismo y acciones del colesterol en el organismo.

Para simplificar, diremos que el exceso de colesterol en sangre puede tener como causa una dieta con elevado contenido en grasa saturada, o bien ser debido a desequilibrios internos relacionados con los mecanismos de síntesis y destrucción del propio colesterol.

Podemos distinguir dos tipos de hipercolesterolemia:

• **Primaria**: ocasionada por problemas en el transporte de colesterol y por factores genéticos.

• **Secundaria**: se asocia a enfermedades hepáticas, renales y endocrinas. También hay sustancias que favorecen el aumento de LDL, como son los esteroides anabolizantes, los progestágenos, los betabloqueantes y sustancias hipertensivas.

Si la dieta contiene cantidades elevadas de grasa saturada o alcohol, se enlentecerá la degradación del colesterol, haciendo así que se acumule en las arterias, puesto que el organismo tiende a consumir en primer lugar otros tipos de nutrientes.

4.7.3. Obesidad

La obesidad es una patología que consiste en el exceso de grasa corporal. Se trata de una patología de alta prevalencia y que va en aumento. Actualmente, aproximadamente 250 millones de personas son obesas y, según datos de la Organización Mundial de la Salud (OMS) se estima que en el año 2025, esta cifra alcanzará los 300 millones.

Las causas de la obesidad **son la mala alimentación y la vida sedentaria**, además de factores genéticos y orgánicos. Si ingerimos más calorías que las que el cuerpo gasta éstas se acumulan en forma de grasa, mientras que si gastamos más energía que la que consumimos la grasa se utiliza como fuente energética.

La obesidad puede actuar como agente que agrava otras patologías como la diabetes, la hipertensión, las cardiopatías e incluso algún tipo de cáncer.

Podemos clasificar la obesidad en dos tipos:

- **Central o androide**: predispone a tener complicaciones metabólicas. Es la más grave.

- **Periférica o gioide**: al igual que la anterior, provoca problemas en las articulaciones por sobrecarga, pero no está tan relacionada con problemas cardiovasculares.

4.7.4. Esteatosis

La esteatosis consiste en la acumulación, fundamentalmente, de triglicéridos en células como, por ejemplo, los hepatocitos (células del hígado).

Se distinguen tres tipos de esteatosis en hígado, según el mecanismo por el que se producen:

- **Saginativa**: producida por un aporte excesivo de triglicéridos.

- **Retentiva**: debida a la no utilización de triglicéridos por falta de oxígeno, como en casos de anemia crónica o alcoholismo.

- **Regresiva**: por una lesión celular se impide que la célula pueda utilizar las grasas.

Los síntomas de la esteatosis pueden ser fatiga crónica, dolor en el abdomen y sensación de pesadez después de las comidas, pero no en todos los casos los pacientes presentan síntomas.

Muchos de los casos de esteatosis están relacionados con el alcoholismo, pero también los hay debidos a la obesidad y a elevados niveles de colesterol y triglicéridos.

Algunos de los consejos que se dan a las personas que padecen esta patología son evitar las rápidas subidas y bajadas de peso, la leche entera, los quesos muy curados, el alcohol y las grasas animales. Por otro lado, hay que intentar disminuir la ingesta de azúcar y dulces e intentar que nunca falte un aporte proteico en la dieta. Las fibras ayudan a absorber las grasas y, por lo tanto, es conveniente introducir en la dieta alimentos que las contengan. Recordemos que la adsorción es un proceso diferente de la absorción: para explicarlo de una forma muy simple, diremos que parte de las grasas de la dieta se quedan adheridas a las fibras y el

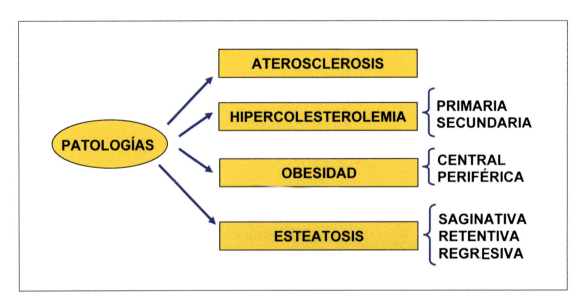

Figura 4.11. Esquema de las patologías más frecuentes debidas a las grasas.

organismo no las absorbe. El consumo de pescado azul y de legumbres ayudan a reducir los problemas con el colesterol como ya se ha comentado.

4.8. ALIMENTOS QUE CONTIENEN GRASAS

Se presenta en la siguiente tabla un resumen de los alimentos ricos en los distintos tipos de ácidos grasos.

Saturada
- Mantequilla, queso, productos cárnicos, leche y yogur enteros, tartas, manteca, margarinas, grasas para pastelería, aceite de coco y de palma.

Monoinsaturada
- Olivas, colza, frutos secos, cacahuetes, aguacates y sus aceites.

Poliinsaturada
- Omega 3: salmón, caballa, arenque, trucha, nueces, semillas de colza, soja, lino y sus aceites.
- Omega 6: semillas de girasol, germen de trigo, nueces, soja, maíz y sus aceites.

A continuación, y para finalizar, haremos un resumen de los alimentos que contienen grasas y en qué cantidad.

ALIMENTO	GRASAS (por cada 100 g)
Aceites	99,0
Mantequilla	85,0
Tocino	70,0
Nueces	60,0
Almendras	54,0
Quesos	30,0
Morcilla	20,0
Jamón	18,0
Aceitunas	13,0
Salmón	12,0
Huevos	11,0
Carne magra	10,5
Sardina	10,0
Bonito	7,0
Pollo	4,5
Pan integral	2,5
Leche entera	3,0
Pan blanco	2,0
Leche desnatada	1,0
Frutas	0,0

Figura 4.12. Tabla de alimentos que contienen grasas.

PROTEÍNAS

Proteína procede del vocablo griego *protos* que significa «lo más antiguo, lo primero». Las proteínas constituyen uno de los componentes más importantes de las células, y suponen más del 50% del peso seco de las mismas. Son compuestos orgánicos formados por carbono, oxígeno, hidrógeno y nitrógeno, aunque a veces pueden contener también azufre, fósforo, hierro, magnesio y cobre.

5.1. PROTEÍNAS, PÉPTIDOS Y AMINOÁCIDOS

Las proteínas están formadas por pequeñas moléculas denominadas **aminoácidos** que se unen unos a otros a través del denominado **enlace peptídico**. La unión de estos aminoácidos forma los **péptidos**. Si el número de aminoácidos que se unen es inferior a diez, el pép-

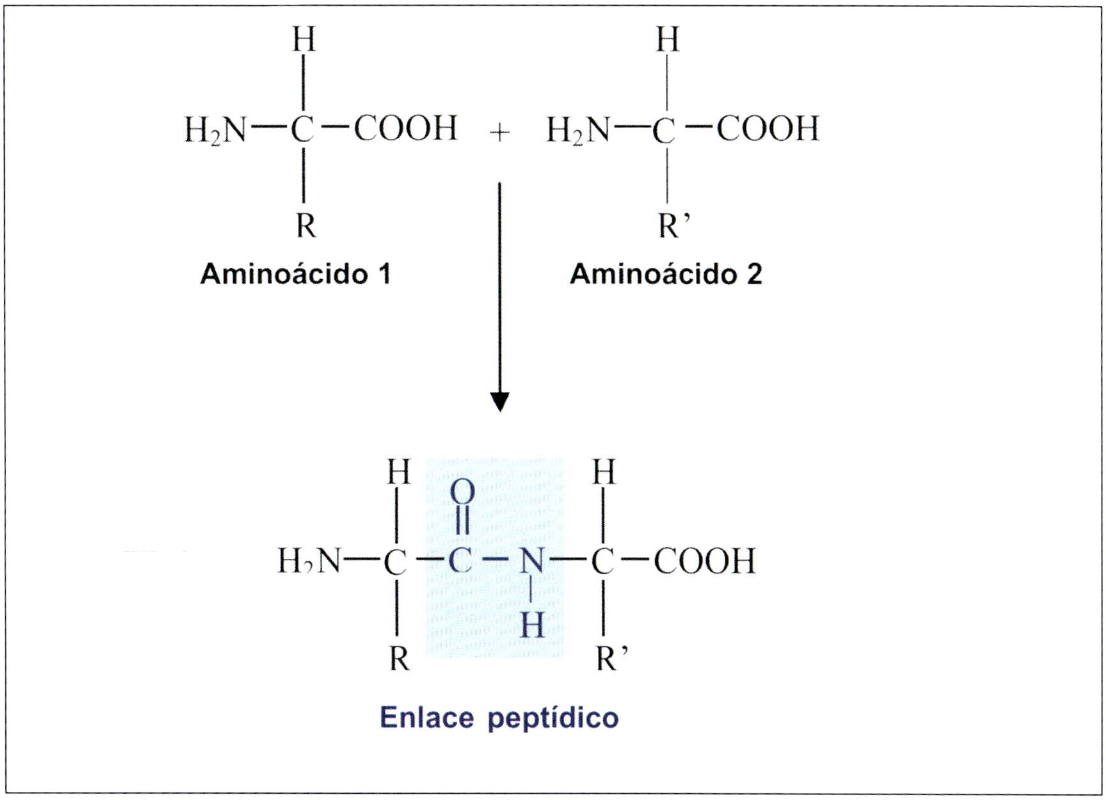

Figura 5.1. *Esquema de un enlace peptídico.*

tido recibe el nombre de **oligopéptido**. En el caso de que esa unión se produzca entre más de 50 aminoácidos podemos hablar de **proteínas**.

5.1.1. Aminoácidos

Existen 20 aminoácidos que forman parte de las proteínas. Todos se caracterizan por presentar un grupo carboxilo (COOH) y un grupo amino (NH_2) que van unidos, ambos, a un carbono. Cada uno de ellos se diferencia de los otros por su grupo R o cadena lateral.

Los aminoácidos se pueden nombrar por su nombre completo, por un código de tres letras o por una letra que los identifica. A continuación se muestra una tabla con todos estos nombres y códigos:

NOMENCLATURA DE LOS AMINOÁCIDOS		
Nombre	Código de tres letras	Código de una letra
Glicina	Gly	G
Alanina	Ala	A
Valina	Val	V
Leucina	Leu	L
Isoleucina	Ile	I
Prolina	Pro	P
Fenilalanina	Phe	F
Tirosina	Tyr	Y
Triptófano	Trp	W
Serina	Ser	S
Treonina	Thr	T
Cisteína	Cys	C
Metionina	Met	M
Asparagina	Asn	N
Glutamina	Gln	Q
Aspartato	Asp	D
Glutamato	Glu	E
Lisina	Lys	K
Arginina	Arg	R
Histidina	His	H

Figura 5.2. *Nomenclatura de los aminoácidos.*

De esta forma, a la hora de representar la composición en aminoácidos de una proteína no tenemos que poner el nombre de cada uno de ellos, tan solo su código.

Dentro de los 20 aminoácidos hay ocho de ellos que no pueden ser sintetizados por las células de nuestro organismo y, por tanto, han de ser facilitados por la dieta. Estos aminoácidos reciben el nombre de **aminoácidos esenciales** y son los siguientes: **triptófano, fenilalanina, valina, leucina, isoleucina, treonina, metionina y lisina.**

Metionina-Triptófano-Glutamato-Lisina-Cisteína-Prolina-Alanina

met-trp-glu-lys-cys-pro-ala

M-W-E-K-C-P-A

AMINOÁCIDOS ESENCIALES	
Aminoácido	**Aporte necesario (Kg peso/día)**
Lisina	13
Triptófano	3,5
Fenilalanina	15
Valina	15
Leucina	17
Isoleucina	13
Treonina	9
Metionina	9,5

Figura 5.3. Tabla de aminoácidos esenciales y aporte diario mínimo necesario.

5.2. FUENTES PROTEICAS Y CALIDAD DE LAS PROTEÍNAS

Las fuentes proteicas pueden ser de **origen animal** o de **origen vegetal**. Los alimentos más completos son los de origen animal como la carne, el pescado, la leche y los huevos, ya que las proteínas presentes en ellos contienen una cantidad elevada de los ocho aminoácidos esenciales. Por ello se denominan **proteínas de alta calidad o de alto valor biológico**. Entre los alimentos de origen vegetal que contienen proteínas podemos destacar la soja, el arroz, el maíz, el pan, legumbres y leguminosas. Estas proteínas contenidas en los alimentos de origen vegetal (excepto la soja) se denominan **incompletas** ya que o bien no contienen todos los aminoácidos esenciales o bien no los contienen en cantidades suficientes. Al **aminoácido** que falta se le denomina **limitante**.

Por tanto, el **valor biológico o calidad biológica** de las proteínas se define por la capacidad de aportar todos los aminoácidos esenciales, necesarios para el crecimiento y el mantenimiento de las funciones fisiológicas. Cuantos más aminoácidos esenciales tenga una proteína, mayor será su valor biológico.

Una dieta equilibrada en proteínas puede estar formada por proteínas de alto valor biológico, sin aminoácidos limitantes o por varios alimentos que se complementen en sus aminoácidos limitantes. El ejemplo más extendido es la **mezcla de cereales con legumbres**: los primeros son deficitarios en lisina y ricos en metionina, mientras que los segundos representan el caso contrario.

FUENTES PROTEICAS	
ORIGEN ANIMAL	ORIGEN VEGETAL
Carne	Soja
Pescado	Pasta
Leche	Arroz
Huevos	Maíz
	Legumbres

Figura 5.4. *Fuentes proteicas.*

La calidad de una proteína se calcula utilizando diversas medidas:

- **Valor biológico de la proteína (VB):** cantidad de aminoácidos esenciales presentes en una proteína.
- **Ratio de eficacia proteica (PER):** proporción de la proteína absorbida que es utilizada por el organismo.
- **Coeficiente de utilización neta de la proteína (NPU):** mide la proporción de proteína digerida que es utilizada.

A continuación se muestra una tabla con los alimentos comunes que contienen proteínas:

ALIMENTOS QUE CONTIENEN PROTEÍNAS	
ALIMENTO	Cantidad de proteínas (g/100 g de alimento)
Lomo embuchado	50
Levadura	39
Soja seca	35
Queso curado	32
Bacalao	32
Jamón serrano	30
Costillas de ternera	30
Cacahuete	27
Salchichón	26
Pollo	26
Lentejas	26

Conejo	23
Chorizo	22
Solomillo de ternera	21
Bonito	20
Gambas	20
Pollo	20
Carne magra de cerdo	20
Morcilla	19
Garbanzos	19
Judías	19
Salmón	18

Figura 5.5. Alimentos que contienen proteínas.

5.3. REQUERIMIENTOS DIARIOS

Las proteínas pueden considerarse como un **macronutriente esencial**. La grasa puede obtenerse dentro del organismo a partir de hidratos de carbono y de proteína (a excepción de los ácidos linoleico y linolénico), los hidratos de carbono los podemos fabricar a partir de proteína y grasa, pero las proteínas deben obtenerse exclusivamente a partir de la dieta. Aunque no es su función, en determinadas circunstancias, también pueden actuar como nutrientes energéticos, aportando 4 kcal por gramo, al igual que los hidratos de carbono.

Las proteínas **deben ingerirse al menos en las tres comidas importantes del día: desayuno, almuerzo y cena**, ya que el organismo, al contrario que hace con carbohidratos y grasas, no las acumula en depósitos de reserva. Además, nuestro cuerpo pierde diariamente una determinada cantidad de proteínas (pérdidas por descamación, fecales, urinarias...) que se miden mediante la determinación del llamado nitrógeno proteico. La ingesta diaria de proteínas debe ser, como mínimo igual a las pérdidas. Esto es lo que se conoce como **balance nitrogenado**: la comparación entre el nitrógeno proteico ingerido y el perdido. En la edad adulta, si hay una situación normal, está equilibrado, es decir, los ingresos son iguales a las pérdidas.

Un balance nitrogenado positivo indica que el ingreso de nitrógeno es superior a las pérdidas. Esto debe producirse durante el crecimiento, la gestación, la lactancia y en aquellas situaciones de entrenamiento deportivo en que se entrena la fuerza y/o la hipertrofia muscular.

El balance nitrogenado negativo indica que las pérdidas son superiores a las ganancias. Esto puede ocurrir cuando la ingesta de proteínas diarias es deficiente.

Las fuentes proteicas en la alimentación son fundamentalmente **la clara de huevo, la leche, la carne, el pescado, las legumbres y la soja**.

La Organización Mundial de la Salud recomienda que un tercio de las proteínas ingeridas diariamente sea de procedencia vegetal.

Los requerimientos mínimos diarios de proteínas para el hombre adulto **no deportista son de 0,8 gramos por kilo de peso y día**, mientras que **para la mujer no deportista son de 0,7 gramos.**

REQUERIMIENTOS DIARIOS DE PROTEÍNAS	
Hombre (gramos por kilo de peso y día)	Mujer (gramos por kilo de peso y día)
0,8	0,7

Figura 5.6. *Requerimientos diarios de proteínas.*

5.4. DIGESTIÓN Y ABSORCIÓN

Las proteínas que ingerimos con la dieta sólo pueden ser incorporadas al organismo como **aminoácidos** y, es por ello, que deben ser digeridas para poder disgregarlas en los aminoácidos que las componen.

Cuando las proteínas llegan al estómago comienza a segregarse una enzima denominada **gastrina** que favorece la producción de ácido clorhídrico (HCl), el cual desnaturaliza las proteínas y hace más fácil la digestión, que la realiza la **pepsina**, degradando las proteínas hasta péptidos de tamaño variable y aminoácidos libres.

Cuando el contenido ácido del estómago pasa al intestino comienza la síntesis de una hormona, la **secretina**. La función de esta hormona es estimular al páncreas para que produzca bicarbonato y de esta manera neutralizar la acidez del contenido de ácido proveniente del estómago. Así se evitan irritaciones que podrían dar lugar a erosiones (úlceras) en la primera porción del duodeno. Recordemos que el estómago se protege de su propia acidez mediante la segregación de mucosidad, pero esto no ocurre en el intestino.

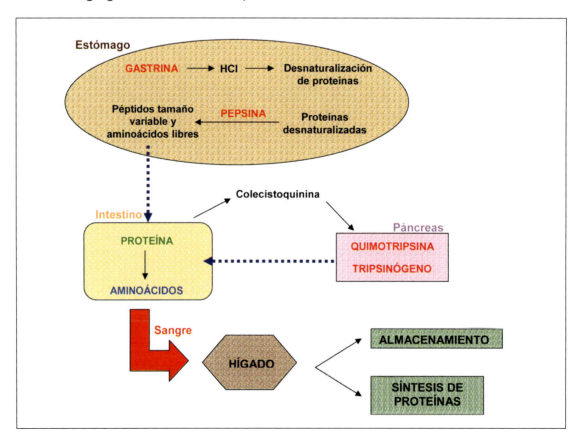

Figura 5.7. *Esquema de la digestión y absorción de las proteínas.*

La digestión proteica tiene lugar, fundamentalmente, en la primera porción del intestino delgado (duodeno-yeyuno). Allí, tanto las proteínas que aún no se han degradado en el estómago, como los péptidos, son transformados por las enzimas pancreáticas y del propio intestino en aminoácidos y pequeños péptidos.

Las enzimas que actúan a este nivel intestinal son la tripsina, la quimiotripsina, la elastasa, las carboxipeptidasas y endopeptidasas.

Después de todas estas etapas y por la acción de las diferentes enzimas comentadas, las proteínas han quedado reducidas a los aminoácidos que las componían. Dichos aminoácidos pasarán a la sangre que los transportará hasta el hígado. Este órgano actúa como regulador entre el flujo de aminoácidos que le llegan y las necesidades que tienen de ellos los diferentes tejidos.

Alrededor del 25% dejan el hígado sin sufrir modificación, la mayoría son degradados y otros son utilizados para sintetizar distintos tipos de proteínas, que serán secretadas a la circulación periférica. Debido a este aumento en la síntesis de proteínas, se produce un incremento transitorio de las proteínas hepáticas.

5.5. PRINCIPALES FUNCIONES DE LAS PROTEÍNAS EN EL ORGANISMO

Gracias a la variabilidad estructural, las proteínas llevan a cabo muchas funciones biológicas.

- **Función estructural**: muchas proteínas constituyen estructuras celulares y forman parte de los tejidos de sostén (óseo, cartilaginoso y conjuntivo) proporcionándoles elasticidad y resistencia.

PROTEÍNAS CON FUNCIÓN ESTRUCTURAL
Glucoproteínas de membrana
Histonas de los cromosomas
Colágeno del tejido conjuntivo fibroso
Elastina del tejido conjuntivo elástico
Queratina de la piel

Figura 5.8. Proteínas con función estructural.

- **Función enzimática**: las reacciones metabólicas son llevadas a cabo por enzimas que son moléculas de naturaleza proteica. Son las proteínas más abundantes.

PROTEÍNAS CON FUNCIÓN ENZIMÁTICA
Enzimas digestivas (gastrina, pepsina)
Enzimas catabólicas (Piruvato kinasa)
Enzimas anabólicas (Cardiolipina sintasa)
Enzimas transporte (L-carnitina)

Figura 5.9. Proteínas con función enzimática.

55

- **Función hormonal**: las hormonas son mensajeros químicos que conectan unas células con otras. Muchas de estas hormonas son de naturaleza proteica.

PROTEÍNAS CON FUNCIÓN HORMONAL
Insulina y glucagón regulan los niveles de glucosa
Calcitonita regula los niveles de calcio
Hormona del crecimiento

Figura 5.10. *Proteínas con función hormonal.*

- **Función de defensa**: muchas de las sustancias que protegen al organismo de agentes extraños son de naturaleza proteica.

PROTEÍNAS CON FUNCIÓN DE DEFENSA
Inmunoglobulinas actúan como anticuerpos
Trombina y fibrinógeno intervienen en la coagulación
Mucinas protegen las mucosas

Figura 5.11. *Proteínas con función de defensa.*

- **Función de transporte**: los transportadores biológicos son proteínas que facilitan el paso de nutrientes y otras sustancias al interior de la célula.

PROTEÍNAS CON FUNCIÓN DE TRANSPORTE
Hemoglobina transporta el oxígeno en sangre
Mioglobina transporta el oxígeno en los músculos
Lipoproteínas transportan lípidos en la sangre

Figura 5.12. *Proteínas con función de transporte.*

- **Función de reserva en animales y plantas:**

PROTEÍNAS CON FUNCIÓN DE RESERVA
Ovoalbúmina de la clara de huevo
Lactoalbúmina de la leche
Gliadina del grano de trigo

Figura 5.13. *Proteínas con función de reserva.*

5.6. INTERÉS NUTRICIONAL DEPORTIVO

Existen básicamente dos tipos de ejercicios, aquellos en los que se utiliza la **fuerza** y aquellos en los que predomina la **resistencia**. Los diversos grados de implicación de estas dos condiciones están más o menos entrelazados en las diferentes especialidades deportivas.

Desde el punto de vista de la utilización metabólica de las proteínas durante el esfuerzo, se asume que en los deportes de resistencia, existe un mayor aumento en la oxidación de éstas y por lo tanto, deben ser **repuestas durante los períodos de recuperación**.

En los deportes de fuerza o potencia, también se asume que la ganancia de masa y fuerza muscular sólo puede ser máxima si la ingesta proteica es adecuada.

Es evidente que para que **la función renal sea normal**, cuando se están tomando elevadas cantidades de proteínas, **la ingesta de agua debe también ser mayor**.

También resulta **imprescindible la toma de 0,02 mg de vitamina B$_6$ por cada gramo de proteína ingerida**, ya que dicha vitamina está ligada muy estrechamente al metabolismo proteico.

5.6.1. Proteínas y deportes de resistencia

Los estudios con los balances de nitrógeno sugieren que los deportistas de resistencia presentan un pequeño aumento en sus necesidades proteínicas, por lo que su ingesta de proteínas diaria debe aumentarse a **1,2-1,4 gramos por kilo de peso y día**.

Recordemos que la Organización Mundial de la Salud recomienda una ingesta proteica de 0,8 gramos por kilo de peso y día para hombres y de 0,7 gramos por kilo de peso y día para mujeres, tanto los unos como los otros, sedentarios.

Si el ejercicio es de alta intensidad y de larga duración, los depósitos de glucógeno disminuyen y si no se ingieren suficientes cantidades de carbohidratos, la utilización de proteínas para ser convertidas en energía es mayor. En este aspecto, tiene gran importancia la utilización por el organismo de los llamados **aminoácidos de cadena ramificada** (**leucina, valina, isoleucina**), junto a otros como **la glutamina**, para ser transformados en energía.

Como los primeros pertenecen al grupo de los esenciales, esto es, no sintetizables por nuestro organismo, su utilización energética hace que su concentración sanguínea disminuya, y esta disminución de su concentración está relacionada con la aparición de la llamada **fatiga central**, un tipo de fatiga cerebral relacionada con los incrementos de un neurotransmisor denominado **serotonina**. Mantener niveles adecuados de aminoácidos

Figura 5.14. *Aminoácidos ramificados.*

de cadena ramificada impiden o retrasan la aparición de este tipo de fatiga, para lo cual resulta muy útil la toma de preparados dietéticos especialmente formulados antes y durante el esfuerzo prolongado.

5.6.2. Proteínas y deportes de fuerza y/o potencia

Desde la antigua Grecia, existe la creencia generalizada de que los deportistas que están llevando a cabo programas de entrenamiento de la fuerza y/o la potencia, requieren unas cantidades mayores de proteínas en su dieta.

Son muchos los estudios realizados en los últimos 80 años sobre esta cuestión. Hoy se puede afirmar que la mayoría de las dudas han quedado perfectamente resueltas, sin embargo, siguen existiendo algunas lagunas.

Desde el punto de vista de los requerimientos proteicos diarios, cabe distinguir dos grupos de practicantes: **los que se inician en este tipo de entrenamiento y los que llevan años practicándolo.**

Los individuos que comienzan con este tipo de entrenamientos requieren una ingesta mayor de proteínas. Hay estudios que demuestran balances nitrogenados equilibrados con dietas que contienen alrededor de 1,5-1,8 gramos de proteínas por kilo de peso y día, aunque estas necesidades pueden ser mayores si estos deportistas se encuentran todavía en edad de crecimiento. En cambio, cuando ya se llevan varios años de entrenamiento, los requerimientos diarios son menores.

También es importante, cuando se desea aumentar la fuerza y/o hipertrofia muscular, el tipo de proteínas que se ingieren. Si la absorción de sus aminoácidos es muy rápida, existirá rápidamente una saturación a nivel celular que producirá un aumento de la oxidación de los mismos, sin que haya aprovechamiento para crear más tejido muscular.

Por lo tanto, es ideal la toma de proteínas de absorción más lenta, de este modo no se alcanza tan fácilmente una saturación celular.

Ahora bien, para que el nivel de aprovechamiento sea máximo, se necesita la colaboración de la insulina, por lo tanto, la mejor manera de provocar una mayor síntesis proteica es ad-

Figura 5.15. Suplementos proteicos.

ministrar conjuntamente proteínas con hidratos de carbono que hagan aumentar los niveles de glucosa en sangre y por lo tanto, induzcan una mayor liberación de insulina, y esto adquiere una importancia fundamental después de los entrenamientos, cuando se han de recuperar los depósitos de glucógeno y las proteínas consumidas. En ambos casos, resulta muy útil, y a la vez práctico, la utilización de suplementos dietéticos con formulaciones perfectamente estudiadas para este fin.

5.7. INTOLERANCIAS PROTEICAS

5.7.1. Intolerancia a las proteínas de la leche de vaca

Esta intolerancia se produce porque nuestro sistema inmunológico reconoce como agentes extraños a las proteínas de la leche provocando un rechazo hacia ellas.

Este problema puede aparecer desde el nacimiento, siendo más frecuente en bebés prematuros y con algún síndrome genético pero, también, puede aparecer en edades más avanzadas a consecuencia de alguna enfermedad digestiva (gastroenteritis, celiaquía, etc.).

Cuando las proteínas de la leche entran en contacto con el estómago e intestino los dañan y se produce una alteración en la absorción de los alimentos. De aquí se derivan una serie de síntomas característicos de esta intolerancia como diarrea, vómitos, distensión abdominal por la acumulación de gases, etc. A largo plazo se puede derivar en malnutrición y fallo en el crecimiento, entre otras consecuencias.

5.7.2. Enfermedad celíaca

Esta enfermedad se debe a factores inmunológicos. El agente causante es el gluten contenido en la harina del trigo. Esta sustancia contiene una fracción peptídica y cuatro clases de proteínas, una de las cuales, llamada gliadina, es la responsable de los efectos nocivos en los enfermos celíacos.

La gliadina actúa como antígeno y pone en marcha el sistema inmunológico del individuo, que produce los anticuerpos responsables de provocar daños en su mucosa intestinal. Por ello, si no se corrige, independientemente de los síntomas físicos desagradables como son la diarrea, la flatulencia, los dolores abdominales, etc., se produce un fenómeno de malabsorción de nutrientes que puede condicionar la propia vida del enfermo.

El tratamiento dietético se basa en excluir el gluten de la dieta, para ello, se aconseja suprimir la ingesta de los cuatro cereales clásicos: trigo, centeno, avena y cebada. A la vez, y durante los primeros tres meses de la instauración de la dieta, también debe suprimirse la lactosa, ya que la actividad de la lactasa disminuye por la propia atrofia de las vellosidades intestinales.

VITAMINAS, MINERALES Y NUTRIENTES ANTIOXIDANTES

6.1. VITAMINAS

Las vitaminas son un grupo de sustancias de naturaleza orgánica que están presentes en pequeñas cantidades en los alimentos, y que son **imprescindibles** en los procesos metabólicos que tienen lugar en la nutrición de los seres vivos. No aportan energía y por lo tanto no producen calorías, ya que no se utilizan como combustible, pero sin ellas el organismo no tiene la capacidad de aprovechar los elementos constructivos y energéticos suministrados por los alimentos o nutrientes.

Tienen la importante misión de facilitar la transformación en energía que siguen los substratos a través de las vías metabólicas, que intervienen como catalizador en las reacciones bioquímicas. Por el torrente sanguíneo llegan al interior de las células, y se utilizan como precursoras de las coenzimas, a partir de las cuales se elaboran las miles de enzimas que regulan las reacciones de las que viven las células.

Un aumento de las necesidades biológicas requiere un incremento de estas sustancias, como sucede en determinadas etapas de la infancia, el embarazo, la lactancia y durante la tercera edad. Por el mismo motivo, hoy todo el mundo reconoce que **tanto los deportistas o quienes practican una actividad física intensa requieren un mayor aporte vitamínico por el incremento en el esfuerzo físico**. También el consumo de tabaco, alcohol o drogas en general y el abuso de café o té provocan un mayor gasto de algunas vitaminas, por lo que en estos casos es necesario un aporte suplementario.

Aunque las necesidades orgánicas sean de miligramos o incluso microgramos, son nutrientes esenciales, puesto que no podemos sintetizarlas, por lo tanto **debemos ingerirlas obligatoriamente con la alimentación**. Una excepción es la vitamina D, que se puede formar en la piel con la exposición al sol, y las vitaminas K, B_1, B_{12} y ácido fólico, que se forman en pequeñas cantidades en la flora intestinal.

La dieta debe ser equilibrada y abundante en productos frescos y naturales, para disponer de todas las vitaminas necesarias, privilegiando más los alimentos de fuerte densidad nutricional, como las legumbres, cereales y frutas, sobre los meramente calóricos. Otro aspecto importante a valorar es la conservación y cocción de los alimentos, ya que se producen pérdidas vitamínicas inevitables, puesto que el agua, el calor y el tiempo disminuyen el nivel vitamínico de los alimentos por una oxidación acelerada.

Algunas personas, o ciertos grupos, cuentan con carencias vitamínicas sistemáticas. Dentro de estos grupos de riesgo están las personas que realizan una restricción calórica permanente al tiempo que desarrollan mucho ejercicio, como son las gimnastas o bailarinas, personas muy preocupadas con su figura que realizan regímenes muy desequilibrados en su contenido, consumidores de comidas rápidas o enlatadas por razones laborales o por vivir solos, también los vegetarianos, ya que tendrían carencias de las vitaminas contenidas en los productos cárnicos y lácteos.

El criterio más común para clasificarlas es el de su solubilidad, atendiendo a ello, las dividimos en dos grandes grupos:

- Solubles en agua o **hidrosolubles.**
- Solubles en grasas y aceites o **liposolubles.**

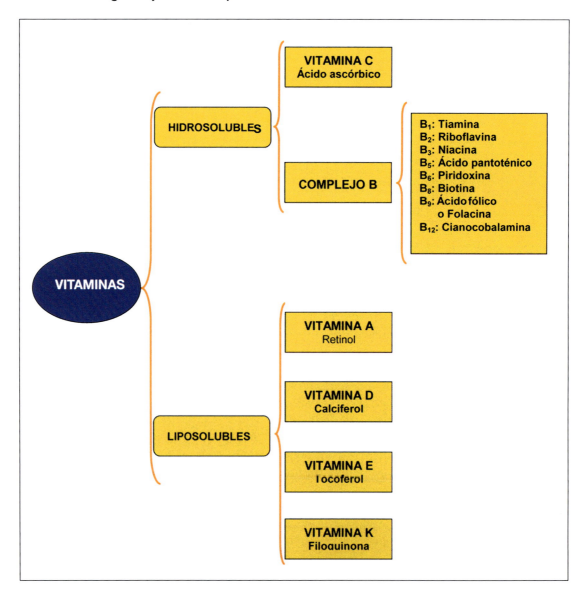

Figura 6.1. *Clasificación de las vitaminas según su solubilidad.*

6.1.1. Vitaminas hidrosolubles

Denominadas así porque **se disuelven en agua**, lo que significa que algunos alimentos al lavarlos pierden parte de sus vitaminas hidrosolubles, o también al cocerlos, ya que las vitaminas pasan al agua de la cocción y se pierde una parte importante de ellas. Para recuperar parte de esas vitaminas, ya que algunas al ser termolábiles se destruyen con el calor, se puede utilizar el agua de cocción de las verduras para preparar un caldo o sopa.

Al ser hidrosolubles **su almacenamiento es mínimo**, por lo que la alimentación diaria debe aportar y cubrir las necesidades vitamínicas, puesto que sólo puede prescindirse de ellas durante pocos días.

La necesidad de vitaminas hidrosolubles debe tener en cuenta el nivel de actividad física del individuo, ya que el ejercicio activa, como hemos visto, numerosas reacciones metabólicas cuyas vitaminas son las coenzimas. Así en situaciones de actividad física intensa pueden existir riesgos de carencia. En cambio, el exceso de vitaminas hidrosolubles se excreta o elimina por la orina, por lo que **no suelen originar efectos tóxicos en condiciones normales**. Aun así, no están demostrados sus beneficios con ingestas mayores a las recomendadas, por lo que dosis superiores sólo se deben tomar bajo control médico.

6.1.1.1. Vitamina B_1 o tiamina

Es indispensable para que los hidratos de carbono se transformen en energía y también imprescindible en la transmisión del impulso nervioso.

Las necesidades diarias o cantidad diaria recomendada (CDR) está establecida en 1,4 mg al día, aunque serán mayores si la ingesta de hidratos de carbono se ve aumentada o durante el embarazo o la lactancia. También aumentan si se consumen sustancias antagonistas a ella, como son el tabaco y el alcohol, ya que reducen la capacidad de asimilación de esta vitamina, por lo que las personas que beben, fuman o consumen mucho azúcar necesitan más vitamina B_1.

Cuando se produce una carencia importante de esta vitamina puede ocasionarse el **beriberi**, enfermedad que es frecuente en algunos países asiáticos, donde el principal y casi único alimento que consumen los más pobres es el arroz blanco. Cuando la carencia no es tan radical, se producen trastornos cardiovasculares, como sensación de opresión en el pecho, brazos y piernas «dormidos», y también alteraciones neurológicas y psíquicas, como cansancio, irritabilidad, pérdida de concentración o depresión. Por eso se dice que esta vitamina es la gran aliada del estado anímico, por su efecto beneficioso sobre el sistema nervioso y la actividad mental.

Se destruye con facilidad con las temperaturas de cocción, pero aguanta bien en los alimentos congelados. Sus fuentes más importantes son la carne de cerdo, las legumbres, el hígado, los cereales integrales, la levadura y los huevos. La principal fuente de vitamina B_1, y de la mayoría del grupo B, deberían ser los cereales integrales, pero el empleo generalizado de harina blanca y cereales refinados ha dado lugar a que exista un cierto déficit en los países industrializados.

ALIMENTOS RICOS EN VITAMINA B$_1$ / TIAMINA	
Cantidades expresadas en µg/100 g	
Levadura de cerveza (extracto seco)	3.100
Huevos enteros	2.500
Cacahuetes	900
Otros frutos secos	690
Carnes de cerdo o de vaca	650
Garbanzos	480
Lentejas	430
Avellanas y nueces	350
Vísceras y despojos cárnicos	310
Ajos	200

Figura 6.2. *Alimentos ricos en vitamina B$_1$.*

6.1.1.2. Vitamina B$_2$ o riboflavina

La vitamina B$_2$ también llamada riboflavina, al igual que la vitamina B$_1$, actúa como coenzima, lo que significa que debe combinarse con una porción de otra enzima en el metabolismo de los glúcidos, grasas y especialmente en el metabolismo de las proteínas que participan en el transporte de oxígeno, **para proporcionar energía al interior de las células.**

Es **necesaria para el crecimiento y muy importante en la reproducción celular**.

Sirve además para mantener la buena salud de la piel, las uñas y el cabello. También ayuda al sistema inmunológico a mantener en buen estado las membranas mucosas que forman el aparato respiratorio y el digestivo.

Su absorción y retención es mayor cuando el balance nitrogenado es positivo (crecimiento, embarazo, entrenamiento de la fuerza y/o la hipertrofia) y menor cuando es negativo (vejez, enfermedad).

Es una vitamina muy estable incluso a temperaturas elevadas, pero sin embargo es destruida fácilmente por la luz, especialmente por la ultravioleta. Aunque no suele haber estados carenciales con una alimentación normal, sí es frecuente entre las embarazadas, ancianos y también en quien usa de manera prolongada anticonceptivos o antidepresivos y especialmente en los casos de alcoholismo y tabaquismo crónico. En el caso de los deportistas hay que considerar que si se aportan más calorías a la dieta es necesario aportar el mismo incremento de riboflavina, para que no se origine una situación carencial.

Los síntomas que hacen sospechar una carencia de vitamina B$_2$ son la sensación de falta de energía, el nerviosismo y la depresión, generándose también trastornos oculares, bucales y cutáneos.

Se encuentra principalmente en carnes, pescados y alimentos ricos en proteínas en general, además de los frutos secos, cereales integrales y las legumbres. Se necesita un aporte diario de 1,6 mg.

ALIMENTOS RICOS EN VITAMINA B_2 / RIBOFLAVINA	
Cantidades expresadas en µg/100 g	
Vísceras y despojos cárnicos	3.170
Levadura de cerveza	2.070
Germen de trigo	810
Almendras	700
Coco	600
Quesos grasos	550
Champiñones	440
Mijo	380
Quesos curados y semicurados	370
Salvado	360
Huevos	310
Lentejas	260

Figura 6.3. *Alimentos ricos en vitamina B_2.*

6.1.1.3. Vitamina B_3, niacina o nicotinamida

La **niacina** juega también un papel importante en la **producción de energía**, ya que es un componente de las coenzimas NAD y NADP que se encuentran presentes en todas las célu-

ALIMENTOS RICOS EN VITAMINA B_3 / NIACINA	
Cantidades expresadas en mg/100 g	
Levadura de cerveza	58
Salvado de trigo	29,6
Cacahuete tostado	16
Hígado de ternera	15
Almendras	6,5
Germen de trigo	5,8
Harina integral de trigo	5,6
Orejones de melocotón	5,3
Arroz integral	4,6
Setas	4,9
Pan de trigo integral	3,9

Figura 6.4. *Alimentos ricos en vitamina B_3.*

las y son indispensables en las reacciones de oxidación-reducción que tienen lugar en la degradación de los hidratos, lípidos y proteínas, por lo que su déficit afecta sobre todo a las células de mayor actividad metabólica. Además participa en el buen mantenimiento de la piel, el sistema nervioso y el sistema digestivo.

Nuestro organismo es capaz de producir una cierta cantidad de niacina a partir del **triptófano**, aminoácido esencial que forma parte de muchas proteínas, al crearse un miligramo de niacina por cada 60 miligramos de triptófano.

La deficiencia de vitamina B_3 provoca una enfermedad conocida como **pelagra** o síndrome de las tres D, ya que sus síntomas característicos son la demencia, la dermatitis y la diarrea, cuando la enfermedad se encuentra en un estado avanzado. Esta enfermedad era habitual durante el siglo XVIII en países como España, Italia o Estados Unidos. Aún hoy en día es frecuente en países del Tercer Mundo, que se alimentan a base de maíz o de sorgo.

Ingerida en dosis elevadas contribuye a mejorar el perfil lipídico, al disminuir el colesterol LDL o colesterol malo, y los triglicéridos, y aumentar el colesterol HDL o colesterol bueno. Pero esas altas dosis pueden también provocar molestias gástricas, picor y enrojecimiento de la piel.

Podemos encontrar esta vitamina principalmente en la levadura de cerveza, frutos secos, setas, carne, pescado, queso y cereales integrales. Sin olvidar que los alimentos ricos en triptófano, como los huevos y la leche, contribuyen a asegurar la ingesta de niacina. El aporte diario recomendado es de 18 mg.

6.1.1.4. Vitamina B_6 o piridoxina

Actúa en una gran cantidad de **reacciones metabólicas**, fundamentalmente relacionadas con el metabolismo de los aminoácidos, incluida la conversión de triptófano en ácido nicotínico. Esto quiere decir que se necesita en mayor cantidad si la ingesta de proteínas aumenta, ya que está relacionada con el contenido proteico de la dieta.

ALIMENTOS RICOS EN VITAMINA B_6	
Cantidades expresadas en µg/100 g	
Sardinas y boquerones frescos	960
Nueces	870
Lentejas	600
Vísceras y despojos cárnicos	590
Garbanzos	540
Carne de pollo	500
Atún y bonito frescos o congelados	460
Avellanas	450
Carne de ternera o cerdo	400
Plátanos	370

Figura 6.5. *Alimentos ricos en Vitamina B_6.*

Por otra parte es necesaria para la **producción de varios neurotransmisores**, como la serotonina, por lo que contribuye a mantener en buenas condiciones nuestro sistema nervioso. También es necesaria para modular los efectos de las hormonas sexuales.

Se encuentra ampliamente distribuida en los alimentos, y abunda en cereales integrales, nueces, todo tipo de frutos secos, plátanos, yema de huevo, patatas, verduras, carnes y pescados, por lo que su carencia es muy rara. Pero hay que considerar que es muy frágil en lo que respecta a la conservación de su contenido por causas de cocción o almacenamiento. Los congelados disminuyen su contenido en un 40% y las conservas un 45%.

Su deficiencia puede provocar depresión del sistema inmune, nerviosismo, insomnio e incluso lesiones en la mucosa oral. El aporte necesario es de 2 mg al día.

6.1.1.5. Vitamina B_{12} o cianocobalamina

Resulta indispensable para la **formación de glóbulos rojos** y para el **crecimiento corporal y regeneración de los tejidos**. Como el resto de vitaminas pertenecientes al complejo B actúa como coenzima en varias funciones metabólicas de hidratos de carbono, grasas y en síntesis de proteínas, normalmente en colaboración con el ácido fólico.

La vitamina B_{12} procedente de la dieta precisa un mecanismo complicado para su absorción. Se debe unir a una proteína segregada por el estómago (factor intrínseco) que permite su absorción en el intestino. Por causas genéticas, algunas personas pueden tener problemas para producir este factor intrínseco y padecer síntomas de deficiencia. También el alcohol actúa como antagonista, por lo que se requieren dosis más elevadas en situaciones de embarazo o por el excesivo funcionamiento de la glándula tiroides (hipertiroidismo). Pero la principal población de riesgo por carencia de esta vitamina son los vegetarianos estrictos o veganos.

La carencia o el déficit de esta vitamina da lugar a la llamada anemia megaloblástica (palidez, cansancio, debilidad, etc.), así como a trastornos neurológicos y digestivos, pero a diferencia de otras vitaminas hidrosolubles se **acumula en el hígado** donde se metaboliza, por lo que hay que estar períodos muy prolongados sin su aporte en la dieta para que se produzcan estados carenciales.

Las fuentes más importantes de esta vitamina son los alimentos de origen animal, como hígado, carnes, vísceras, pescados, mariscos, huevos y en menor cantidad en la leche y sus derivados. Actualmente se afirma que la flora bacteriana de nuestro intestino grueso puede producirla en cantidades suficientes. En realidad, sólo se ha detectado esta carencia en vegetarianos estrictos, como ya hemos indicado, que no consumen ni huevos ni lácteos y que padecen algún tipo de trastorno intestinal.

Su aporte necesario es de 1 mg al día.

6.1.1.6. Ácido fólico o folacina

Anteriormente conocido como vitamina B_{10}, el ácido fólico interviene en numerosas reacciones orgánicas, algunas tan fundamentales como la **síntesis de precursores de ácidos nucleicos** o el **metabolismo de los aminoácidos.** Es importante para la correcta formación de las células sanguíneas, ya que es componente de algunas enzimas necesarias para la formación de glóbulos rojos. Su presencia está muy relacionada con la vitamina B_{12}.

Es una vitamina fundamental durante el **embarazo**, ya que juega un papel básico en el proceso de multiplicación celular, y ayuda además a prevenir el riesgo de defectos de nacimiento en el cerebro y médula espinal. Hay estudios que demuestran que las mujeres que consumen la cantidad diaria recomendada de esta vitamina desde antes de la concepción y durante los primeros meses de embarazo reducen el riesgo de tener un bebé con defectos de nacimiento en el cerebro y en la columna vertebral. Por otra parte el ácido fólico ayuda a prevenir cierto tipo de enfermedades cardiovasculares.

Al ser un factor antianémico, porque es necesaria para la formación de las células sanguíneas, su carencia produce anemia megaloblástica, trastornos neurológicos y digestivos. En los niños el déficit detiene el crecimiento y disminuye la resistencia a enfermedades.

El ácido fólico se puede obtener principalmente de verduras verdes, levadura de cerveza, cereales integrales, frutos secos, carnes y patatas. La dosis diaria recomendada es de 0,2 mg debiendo incrementarse al doble, es decir 0,4 mg en caso de embarazo.

ALIMENTOS RICOS EN ÁCIDO FÓLICO (O FOLACINA)	
Cantidades expresadas en µg/100 g	
Lechuga	1.250
Levadura de cerveza	1.000
Zanahorias	410
Escarola	330
Tomate	330
Perejil	260
Espinacas cocidas	140
Brécol cocido	110
Frutos secos	100
Salvado	94

Figura 6.6. *Alimentos ricos en ácido fólico.*

6.1.1.7. Biotina

Supuesta originalmente como vitamina B_8, o también vitamina H, tiene diversas funciones. Está implicada en la síntesis de ADN, participa en el mantenimiento del nivel de glucosa en sangre y además está involucrada en diferentes reacciones.
Se encuentra en las vísceras, el queso, las legumbres y la yema del huevo, y como sus necesidades o cantidad diaria recomendada es mínima, su carencia sólo aparece en personas que comen mucho huevo crudo debido a la presencia de avidita, que es una proteína del huevo que se destruye con el calor y que impide la absorción de la biotina, en ese caso su carencia produce dermatitis escamosa, atrofia de la lengua y anorexia.

La dosis diaria recomendada es tan sólo de 15 mg.

6.1.1.8. Ácido pantoténico

Anteriormente supuesto como vitamina B₅, la principal acción del ácido pantoténico es la de **mantener y transportar los ácidos grasos mientras sus cadenas son modificadas.**

Se encuentra en gran cantidad y variedad de alimentos, *pantothen* en griego significa «en todas partes». Los alimentos más ricos en ácido pantoténico son las vísceras, la levadura de cerveza, la yema de huevo y los cereales integrales. Al abundar en los alimentos no es frecuente que se produzcan situaciones carenciales.

Su ausencia genera una disminución en las defensas ante casos de infecciones, hemorragias, debilidad y mareos. Su dosis recomendada es de 6 mg al día.

6.1.1.9. Vitamina C o ácido ascórbico

La vitamina C actúa en el organismo como transportadora de oxígeno e hidrógeno, participa como coenzima en la síntesis del colágeno y de la noradrenalina (un neurotransmisor de la señal nerviosa), motivo por el cual es indispensable para el buen funcionamiento de las hormonas antiestrés producidas por las glándulas suprarrenales.

Participa también en el metabolismo de los lípidos y de ciertos aminoácidos y estimula las defensas contra las infecciones.

Pero además de todo eso, **el ácido ascórbico es un potente agente antioxidante**, eliminador de radicales libres en el metabolismo celular.

La carencia de vitamina C produce la enfermedad denominada **escorbuto**. Hoy en día esta enfermedad rara vez se presenta ya que las necesidades diarias se cubren ingiriendo verdu-

ALIMENTOS RICOS EN VITAMINA C	
Cantidades expresadas en mg/100 g	
Kiwi	500
Guayaba	480
Pimiento rojo	204
Grosella negra	200
Perejil	150
Caqui	130
Col de Bruselas	100
Limón	80
Coliflor	70
Espinacas	60
Fresa	60
Naranja	50

Figura 6.7. Alimentos ricos en vitamina C.

ras crudas y frutas frescas. Pueden observarse carencias en personas que consuman una dieta sin vegetales ni fruta, personas de edad avanzada con dietas limitadas, o en lactantes que se alimentan con leche de vaca. Hace varios siglos era una enfermedad habitual en las tripulaciones de barcos que estaban varias semanas sin tocar tierra y por consiguiente no se podían alimentar de alimentos frescos.

Los síntomas del escorbuto son la inflamación de las encías, con el posible debilitamiento y caída de dientes, sequedad de la boca y ojos, dolor en las articulaciones y pérdida del pelo, entre otros síntomas que pueden conducir a la muerte.

Es muy sensible a la luz, a la temperatura y al oxígeno del aire. Por ejemplo un zumo de naranja pierde la casi totalidad de vitamina C si no se consume antes de los 15 ó 20 minutos de haberlo preparado. Además se elimina a las pocas horas de ingerirla, por lo que es aconsejable consumir alimentos ricos en vitamina C varias veces al día.

Las mejores fuentes de alimentos son las frutas y verduras, preferentemente ácidos y frescos. Si las verduras y frutas deben ser cocinadas, deben cocerse durante poco tiempo y en poca cantidad de agua.

La ingesta diaria recomendada es de 60 mg. Hay situaciones donde los requerimientos son mayores, como en situaciones de alcoholismo, tabaquismo, gestación, lactancia y en deportistas.

6.1.2. Vitaminas liposolubles

Tienen esta denominación porque son las que **se disuelven en disolventes orgánicos, aceites y grasas.** Las vitaminas liposolubles se almacenan en el hígado y en el tejido adiposo, por lo que es posible, si se ha efectuado un aprovisionamiento suficiente, subsistir por un período de tiempo sin su aporte.

Puesto que ni se absorben ni se eliminan rápidamente, si se realiza una ingesta desmesurada de más de diez veces las cantidades recomendadas, puede originar trastornos por intoxicación.

Este grupo de vitaminas suele estar contenido en alimentos grasos y a diferencia de las hidrosolubles, son poco alterables.

6.1.2.1. Vitamina A o retinol

No se trata de una sola sustancia, sino de un grupo de sustancias químicamente relacionadas. La vitamina A sólo está presente como tal en los alimentos de origen animal, en los vegetales se encuentra en forma de carotenos, precursores de vitamina A que se transforman en el cuerpo humano.

ALIMENTOS RICOS EN VITAMINA A	
Cantidades expresadas en µg/100 g (Equivalentes de retinol)	
Vísceras de animales	5.800
Acedera	2.100
Zanahorias	2.000
Espinacas (cocidas)	1.000
Perejil	1.160
Mantequilla	970
Boniatos	670
Aceite de soja	583
Atún y bonito frescos o congelados	450
Quesos	240
Huevos	220
Otras verduras (tomates, lechugas, etc.)	130

Figura 6.8. Alimentos ricos en vitamina A.

La función principal que tiene es la protección de la piel y su intervención en el proceso de visión de la retina. También participa en la elaboración de enzimas en el hígado y de hormonas sexuales y suprarrenales. Además es una sustancia antioxidante, ya que elimina radicales libres y protege al ADN de su acción mutágena y contribuye a frenar el envejecimiento celular. Podemos resumir diciendo que es esencial para la **visión, el crecimiento de células epiteliales y el sistema inmune.**

Puede haber déficit en enfermos pancreáticos y alcohólicos. La alteración carencial puede producir ceguera nocturna, desecación en la piel y en los ojos, y en niños puede provocar un retardo en el crecimiento.

El consumo de alimentos ricos en vitamina A es aconsejable en personas propensas a padecer infecciones respiratorias, problemas oculares o con la piel seca o escamosa.

Se encuentra principalmente en el hígado de ternera, el aceite de hígado de pescado o la leche, sus precursores o carotenoides están en vegetales como la zanahoria, las espinacas, el pimentón rojo, la lechuga o las ciruelas. Las necesidades diarias son de 0,75 mg o lo que es lo mismo, 2.500 unidades de retinol.

6.1.2.2. Vitamina D

A este grupo pertenecen dos sustancias, el ergocalciferol y el colecalciferol. Es fundamental para la absorción del calcio y del fósforo en el intestino, ya que la vitamina D se convierte en sustancias que intervienen en el metabolismo del calcio, y estimulan su absorción intestinal y también actúa modulando la respuesta inmune.

Nuestro organismo la puede sintetizar formándola en la piel con la acción solar de los rayos ultravioleta, por lo que podemos sustituir la acción de tomar el sol por la dieta para cubrir las necesidades diarias.

ALIMENTOS RICOS EN VITAMINA D	
Cantidades expresadas en µg/100 g	
Sardinas y boquerones	7,5
Atún y bonito frescos o congelados	5,4
Quesos grasos	3,1
Margarina	2,5
Champiñones	1,9
Huevos	1,7
Otros pescados frescos o congelados	1,1
Quesos curados y semicurados	0,3
Quesos frescos	0,8
Leche y yogur	0,6

Figura 6.9. Alimentos ricos en vitamina D.

En países no soleados o en el caso de personas que no se exponen nunca al sol, como es el caso de los bebés, el déficit de vitamina D puede producir descalcificación de los huesos, caries dentales o incluso raquitismo.

Su dosis diaria recomendada es de 400 unidades.

6.1.2.3. Vitamina E

También esta vitamina se encuentra en formas químicas diferentes: los tocoferoles y los tocotrienoles, presentes ambos en los vegetales, aceites, frutas secas y cereales integrales.

Posiblemente sea uno de los antioxidantes más conocidos, junto con la vitamina C, por la población, ya que cada vez se le relaciona más con efectos protectores contra el envejecimiento.

A modo de ejemplo, se pueden citar varias acciones: impide la oxidación del colesterol «malo», y aumenta así la salud cardiovascular, protege de algunos tipos de cáncer y parece tener también cierta acción protectora, junto a la vitamina C, sobre enfermedades degenerativas cerebrales.

A nivel celular, tiene una importante acción protectora sobre los ácidos grasos insaturados que forman parte de unos compuestos llamados fosfolípidos, que componen las membranas celulares. La oxidación de estas sustancias provoca cambios muy importantes a nivel celular, que dificultan la relación de la célula dañada con su entorno.

Gracias a su capacidad para captar el oxígeno, actúa como **antioxidante** en las células frente a los radicales libres presentes en nuestro organismo, así al impedir la oxidación de las membranas celulares permite una excelente nutrición y regeneración de los tejidos. Por eso es muy importante asegurarnos un aporte suficiente de vitamina E para que éstos sean totalmente funcionales.

ALIMENTOS RICOS EN VITAMINA E	
Cantidades expresadas en mg/100 g	
Aceite de girasol	55
Aceite de maíz	31
Germen de trigo	30
Avellanas	26
Almendras	25
Coco	17
Germen de maíz	16
Aceite de soja	14
Soja germinada	13
Aceite de oliva	12
Margarina	10
Cacahuetes y nueces	9

Figura 6.10. Alimentos ricos en vitamina E.

En el organismo se encuentran fundamentalmente en el tejido graso y las glándulas adrenales. Sus necesidades aumentan si la ingesta de ácidos grasos insaturados es elevada y también durante la práctica deportiva.

Hay que tener en cuenta que con la cocción de los alimentos se destruye gran parte de esta vitamina. Su déficit puede producir alteraciones musculares, daños en la retina, detención del crecimiento en niños. La ingesta diaria recomendada es de 10 mg.

6.1.2.4. Vitamina K

Existen tres grupos de sustancias con la actividad de la vitamina K:

- Filoquinona, de origen vegetal, se encuentra en la col, la coliflor y los vegetales verdes.
- Menaquinona, la sintetizan las bacterias intestinales.
- Menadiona no se encuentra libre en la naturaleza, pero es la vitamina K más utilizada.

A la vitamina K también se la denomina antihemorrágica, ya que es fundamental en los procesos de coagulación de la sangre, por lo que su deficiencia, que es muy poco habitual, produce dificultades en la coagulación sanguínea.

La ingesta diaria recomendada es de tan sólo 40 mg.

6.2. MINERALES

Los minerales son un caso especial de nutrientes por necesitarse en muy bajas concentraciones y ser todos ellos esenciales, pero su presencia en la dieta es vital para el correcto funcionamiento del organismo.

Su función es estructural y reguladora. **Suponen entre un 4 y un 5% del peso corporal. Todos ellos son esenciales**, por lo tanto, la carencia de alguno de ellos produce cambios en las reacciones bioquímicas de nuestro cuerpo.

Podemos dividirlos en **dos** grandes grupos según su presencia en el organismo:

- **Mayoritarios**: calcio, fósforo, magnesio, cloro, sodio y potasio.

- **Minoritarios**, también conocidos como **oligoelementos** o bien **elementos traza**, como ya se ha descrito en el capítulo 2: hierro, flúor, zinc, cobre, selenio, yodo, manganeso, molibdeno, vanadio, níquel, cromo, cobalto, silicio, estaño, boro, antimonio, arsénico, bromo y litio.

Esta lista, conforme avanzan los conocimientos médicos, va ampliándose con el tiempo.

6.2.1. Calcio (Ca)

Es un metal que se encuentra fundamentalmente formando parte de los huesos y dientes, el 99% del mismo en nuestro cuerpo se encuentra en estas estructuras. Pero también es muy importante la acción que ejerce en la contracción muscular y en algunas funciones nerviosas. El hueso, en contra de lo que comúnmente se cree, es una estructura viva, que continuamente está en un proceso de cambio. Predomina la síntesis en las edades de crecimiento y la destrucción a partir de los 40 años aproximadamente, en que se pierde alrededor de un 0,7% anual.

Se puede medir el contenido en calcio de los huesos mediante una técnica llamada **densitometría ósea**. El proceso de descalcificación ósea se denomina **osteoporosis**.

Esta destrucción es mayor en mujeres a partir de la menopausia, ya que en ese momento se dejan de sintetizar estrógenos, que son las hormonas femeninas responsables de «mantener» el calcio en los huesos. Por ello es de vital importancia el ingerir cantidades adecuadas de calcio en la edad de máxima construcción ósea, entre los 12 y los 25 años. A partir de esta edad hay un período de equilibrio entre los procesos de destrucción y de construcción ósea, pero a partir de los 35-40 años, comienza a predominar la destrucción, de ahí la importancia de ingerir cantidades adecuadas de vitamina D y calcio.

Otras medidas que se pueden tomar para la prevención de la osteoporosis son:

- Practicar deporte regularmente (varias veces por semana).
- Mantener una dieta con concentraciones adecuadas de manganeso, ácido fólico, vitamina B_6, vitamina B_{12}, omega 3 (que ayuda a incrementar la absorción de calcio en los huesos y a estimular la producción de nuevo tejido óseo) y vitamina D (que estimula la absorción del calcio en el intestino delgado).
- Controlar la ingesta de azúcar, grasas saturadas y proteínas animales.
- Moderar el consumo de cafeína y alcohol.
- No fumar.

Aunque la cantidad mínima recomendada de calcio al día es de 800 mg, se aceptan cantidades mayores, entre 1 y 2 gramos al día, dependiendo de las etapas de la vida. Se ha observado que el consumo de más de 2,5 gramos de calcio por día sin una necesidad médica

ALIMENTOS RICOS EN Ca	
Cantidad de Ca (mg/100 g de alimento)	
Leche en polvo desnatada	1.196
Leche en polvo	976
Queso gruyer	850
Queso emmental	850
Queso bola	760
Queso gorgonzola	567
Sardinas en aceite	400
Almendras	240
Cigalas	220
Yogur	180
Higos secos	180
Helados	160
Garbanzos	145
Pistachos	136
Leche de vaca	130
Judías blancas	130
Acelgas	114
Aceitunas	63

Figura 6.11. Contenido de Ca en alimentos.

puede llevar a desarrollar calcificaciones (piedras) en los riñones, esclerosis y problemas en los vasos sanguíneos.

La presencia de grasas o de un exceso de fibra en las comidas impide su absorción.

La mayor fuente de calcio son los productos lácteos y, en menor cantidad, los pescados, huevos y algunas frutas y legumbres, aunque la absorción es bastante mayor en los primeros.

6.2.2. Fósforo (P)

La mayor parte se encuentra formando parte de los huesos y los dientes. El resto está fundamentalmente en compuestos de alta energía, como el ATP o el AMP cíclico y también es fundamental su participación en las cadenas de ácidos nucleicos que forman el material genético. Por lo tanto, alcanzar las cantidades adecuadas en la dieta es de vital importancia.

Las necesidades mínimas diarias de este mineral están en torno a los 800 mg. Demasiado fosfato puede causar problemas renales y osteoporosis.

ALIMENTOS RICOS EN P	
Cantidad de P (mg/100 g de alimento)	
Caldo en cubitos	510
Anchoas	426
Almendra	420
Habas	400
Judías	350
Avena	350
Hígado de cerdo	350
Atún en lata	326
Paté	300
Bombones	300
Carne de vaca	276
Arenque	225
Almejas	200
Cabrito	200
Chorizo	200
Cuajada	200
Huevo	190
Carne de cerdo	170
Pasta	150
Ajo	140

Figura 6.12. Contenido de P en alimentos.

6.2.3. Magnesio (Mg)

El magnesio se encuentra fundamentalmente combinado con el calcio y con el fósforo en las sales complejas de los huesos (70%). El resto está distribuido en plasma (1,4-2,5 mg/ml), fundamentalmente en glóbulos rojos y en el tejido muscular actuando en la contracción muscular, junto al calcio, y en la excitabilidad nerviosa. El resto va ligado a proteínas séricas. Se relaciona con el crecimiento y refuerzo del sistema inmune.

Sólo un porcentaje (45%) del magnesio ingerido en la dieta es absorbido, el restante es excretado. La absorción se produce en el intestino delgado. No se acumula en el organismo.

Las recomendaciones mínimas diarias son de unos 350 mg/día para el hombre adulto, 300 mg/día en el caso de las mujeres, y 150 mg/día para la edad infantil. Durante el embarazo o la lactancia la necesidad diaria se incrementa hasta alcanzar un valor de 400 mg/día. Se encuentra fundamentalmente en frutos secos, legumbres y vegetales verdes.

Puede provocar problemas de salud tanto por defecto como por exceso, por lo tanto la ingesta de una cantidad diaria adecuada es fundamental. Su carencia provoca irritabilidad, nerviosismo, arritmia, convulsiones, temblores.

ALIMENTOS RICOS EN Mg	
Cantidad de Mg (mg/100 g de alimento)	
Frutos secos	250
Caracoles	250
Cereales integrales	212
Legumbres	150
Maíz	120
Chocolate	100
Cigalas	76
Acelgas	70
Pasta	58
Dátiles	58
Sardinas	50
Queso gruyer	47
Plátano	40
Frutas pasas	40
Castaña	36
Guisantes	35
Patata	27
Conejo	25
Espárrago	22
Melón	18

Figura 6.13. Contenido de Mg en alimentos.

6.2.4. Sodio (Na)

Es el catión principal del líquido extracelular. Está distribuido por todos los tejidos, ya que su función es regular la distribución hídrica, el equilibrio **ácido-base y el osmótico**.

La principal fuente de sodio es la sal común y las salazones (alimentos conservados con sal). **Su ingesta debe ser controlada, ya que puede elevar la presión arterial**. En individuos sanos, **la ingesta de sal no debe ser superior a los 2-3 gramos diarios**.

Hay situaciones donde por causas debidas a la dureza del propio trabajo, al calor exterior, o a la práctica deportiva, aumenta en gran medida la sudoración y se pierde, además de agua, ciertos minerales, denominados genéricamente **electrolitos**, que son fundamentalmente **el sodio y el potasio**, aunque las pérdidas de sodio son muy superiores a las de potasio, ya que éste se encuentra en una mayor concentración dentro de las células. Es un **ión** fundamentalmente extracelular. Esto quiere decir que en el plasma hay mucho más sodio que potasio, por eso se elimina en mayor cantidad.

Por ello, cuando se realizan esfuerzos que producen una gran sudoración y pérdida de líquidos, **debe reponerse mediante bebidas específicas**, tal como se detalla en el capítulo dedicado a la nutrición deportiva, donde se expone más detenidamente este tema.

ALIMENTOS RICOS EN Na	
Cantidad de Na (mg/100 g de alimento)	
Caldo en cubitos	27.000
Sopas comerciales	20.000
Sangre	10.000
Bacalao salado	4.300
Empanadillas	3.000
Tocino de cerdo	2.300
Croquetas	2.000
Salchichón	1.500
Jamón serrano	1.500
Aceitunas	1.500
Queso gorgonzola	1.220
Copos de maíz	1.110
Mortadela	1.100
Salchichas	1.000
Cangrejo	1.000
Nécora	1.000
Paté	900
Bollería	750
Bonito en aceite	700
Atún en aceite	700

Figura 6.14. *Contenido de Na en alimentos.*

6.2.5. Potasio (K)

En el organismo se encuentra este elemento en doble proporción a la del sodio. Recibe el nombre genérico de **electrolito**. Se encuentra intracelularmente en su mayor parte. También está distribuido por todo el organismo, ya que sus acciones son parecidas y en algunos casos complementarias a las del sodio.

Los requerimientos diarios son de 2-5 g.

Se encuentra fundamentalmente en los frutos secos, la fruta y verdura fresca, y las legumbres.

Tanto el sodio como el potasio se pierden en situaciones de diarrea, por lo que también se pierde mucha agua y ello provoca deshidrataciones, que pueden ser muy graves en niños y ancianos, por ello es de vital importancia en estas situaciones **la rehidratación con bebidas preparadas que contengan una adecuada proporción y cantidad de estos iones.**

También se pierde por el sudor, aunque en mucha menor medida que el sodio, lo cual es tremendamente importante en la práctica deportiva, como ya se ha comentado anteriormente.

La deficiencia de este electrolito puede desembocar en calambres, atrofia muscular, insomnio y hemorragias nasales. El exceso puede provocar entumecimiento de extremidades, confusión mental y problemas cardíacos.

ALIMENTOS RICOS EN K	
Cantidad de K (mg/100 g de alimento)	
Habas	3.000
Sangre	2.300
Caldo en cubitos	1.500
Salvado de trigo	1.390
Judías	1.000
Tocino de cerdo	2.300
Garbanzos	937
Almendra	750
Dátiles	719
Castañas	600
Cardo	549
Espinacas	527
Champiñón	520
Grelo	452
Acederas	450
Patata	430
Soja	400

Figura 6.15. Contenido de K en alimentos.

6.2.6. Cloro (Cl)

El cloro es el principal anión del líquido extracelular que se encuentra en el organismo y está directamente interrelacionado con el sodio y el potasio. Participa en la producción del jugo gástrico, ya que forma parte del ácido clorhídrico, responsable de aportar la acidez necesaria para que tenga lugar la acción de la **pepsina,** una enzima que también forma parte del jugo gástrico y que se encarga de digerir las proteínas, rompiendo sus largas cadenas. Interviene en el equilibrio ácido-base favoreciéndolo y ayuda al hígado en su labor de desintoxicación. También está altamente implicado en la regulación del balance hídrico del organismo. Se absorbe con facilidad en el tubo digestivo y se elimina por la orina, las heces y el sudor.

Cualquier dieta mixta cubre las necesidades de cloro ya que se encuentra en muchos alimentos como en la sal común, en las algas, mariscos, leche, carne, huevos y en el agua que bebemos, entre otros.

Las recomendaciones diarias son de aproximadamente 1 g.

6.2.7. Hierro (Fe)

Es un elemento metálico muy extendido en la naturaleza. De todos los oligoelementos necesarios para el organismo, éste es el más abundante en el mismo. Alrededor del 60% del hierro que contiene nuestro organismo está formando parte de la hemoglobina contenida en los hematíes y, aunque una pequeña parte está contenido en algunas enzimas oxidativas celulares, casi todo el resto se encuentra almacenado en forma de ferritina o hemosiderina (proteínas que contienen hierro). Su función fundamental es el transporte de oxígeno a los tejidos por medio de la hemoglobina, que capta este oxígeno en los pulmones y lo cede al resto de los tejidos de nuestro cuerpo.

Las necesidades de este mineral varían con las diferentes etapas de la vida, pero se considera que **la ingesta mínima diaria debe ser de 14 mg**. Sus necesidades aumentan en el crecimiento, gestación, lactancia, con las pérdidas menstruales o hemorragias traumáticas. También determinados deportistas, como se expone en otro apartado, necesitan cantidades diarias superiores.

La absorción de hierro se ve potenciada por la presencia en el tubo digestivo de algunos aminoácidos y de la vitamina C, aunque otras sustancias como las contenidas en la fibra (fitatos, pectinas, etc.) la disminuyen.

6.2.8. Zinc (Zn)

El contenido de zinc en nuestro organismo es de 2 ó 3 gramos. Se encuentra fundamentalmente en el hígado, páncreas, riñón, huesos, músculos, ojos, cabello, piel, uñas y próstata (hay un elevado contenido en los espermatozoides).

Forma parte de numerosas enzimas, tanto de enzimas con capacidad antioxidante como sintetizadora de proteínas y ácidos nucleicos. A la vez, es imprescindible para el correcto funcionamiento del sistema inmune.

Deficientes cantidades de zinc pueden provocar falta de apetito, retraso en el crecimiento infantil y pérdida del sentido del gusto. Algunos niños con deficiencia de zinc tienen una ma-

ALIMENTOS RICOS EN Fe	
Cantidad de Fe (mg/100 g de alimento)	
Sangre	52
Berberecho, almeja	24
Cereales integrales	13
Perejil	12
Hígado	12
Caracoles	10,6
Lentejas	7,1
Judías	6,7
Garbanzos	6,7
Yema huevo	5,9
Paté	5,5
Riñones	5,6
Guisantes	5,1
Mejillón	4,5
Espinacas	4
Pavo	3,6
Maíz	3,6
Grelos	3,1
Chorizo	2,4
Pasta	1,4

Figura 6.16. Contenido de Fe en alimentos.

durez sexual más lenta; una deficiencia severa en la infancia puede producir enanismo. Con la falta de zinc, las heridas cicatrizan más lentamente y el sistema inmune no actúa correctamente.

Se han establecido unos requerimientos mínimos diarios de 15 mg. Las principales fuentes de zinc son las ostras, carnes, legumbres y cereales integrales.

ALIMENTOS RICOS EN Zn	
Cantidad de Zn (mg/100 g de alimento)	
Ostras	52
Salvado de trigo	18,7
Piñones	6,5
Carne de caballo	6
Centollo	5,5
Pipas de girasol	5,1

Avena	4,5
Caracoles	4,4
Judías	4,1
Yema de huevo	3,9
Gamba, cangrejo	3,7
Guisantes	3,5
Chuleta de ternera	3,5
Anchoas en aceite	3,4
Lentejas	3,1
Sardinas en aceite	2,9
Fiambres	2,9
Pistachos	2,8
Pato	2,7
Jamón serrano	2,3

Figura 6.17. *Contenido de Zn en alimentos.*

6.2.9. Flúor (F)

Forma parte de huesos y dientes, actúa en estos como **protector frente a las caries,** y dota al esmalte dental de mayor resistencia frente a los ácidos que segregan las bacterias presentes en la boca. El defecto de este mineral en el organismo puede provocar problemas dentales y óseos, pero también se han detectado efectos por exceso como indigestión, convulsiones, arritmia cardíaca, (crónicos) cambios en los huesos y cambios en los dientes (fluorosis).

El té, el café, el marisco, el pescado, la col y las espinacas son buenos proveedores de flúor.

Su ingesta diaria está relacionada con su presencia en el agua que se bebe, por lo que **se recomiendan cantidades entre 1,5 y 4 mg**. Dosis superiores pueden resultar tóxicas.

6.2.10. Cobre (Cu)

Es un importante componente de enzimas, también participa en el proceso de formación de hematíes y ayuda al buen mantenimiento de los vasos sanguíneos, los nervios, el sistema inmunológico y los huesos. En el organismo hay alrededor de 100 mg de cobre.

Sus necesidades mínimas diarias son de 2 mg. Se encuentra fundamentalmente en el marisco y el hígado.

ALIMENTOS RICOS EN Cu	
Cantidad de Cu (mg/100 g de alimento)	
Lentejas	1,31
Chocolate	1,21
Garbanzos	0,68
Trigo en grano	0,60
Higo seco	0,59
Yema de huevo	0,57
Cebada	0,52
Acelgas	0,45
Avena	0,41
Harina	0,36
Ajo	0,26
Carne de res	0,25
Patatas	0,21
Plátano	0,19
Espinacas	0,16
Apio	0,14
Zanahoria	0,14
Maíz	0,13
Tocino	0,12
Coliflor	0,12

Figura 6.18. Contenido de Cu en alimentos.

6.2.11. Selenio (Se)

Su papel más conocido en el organismo (aunque no es el único) es su **gran efecto antioxidante.** Forma parte de una potente enzima (glutation peroxidasa selenio dependiente) que nos protege contra el efecto de los radicales libres. Bloquea el peróxido de hidrógeno, producido en procesos celulares y que, de no ser por esta enzima, causaría daño a las membranas celulares.

Además estimula la formación de anticuerpos como respuesta a las vacunas y también puede brindar protección contra los efectos tóxicos de los metales pesados y otras sustancias.

Se ha visto que también puede contribuir a la síntesis de las proteínas, al crecimiento, al desarrollo y a la fertilidad, especialmente en los hombres, ya que se ha demostrado que el selenio aumenta la producción de semen y la motilidad de los espermatozoides.

La deficiencia en selenio está relacionada con anomalías en el músculo cardíaco (enfermedad de Keshan). El exceso en el organismo puede disminuir la resistencia del esmalte dental. Otros problemas pueden ser la pérdida de los dientes, el cabello y las uñas.

La ingesta diaria recomendada debe estar alrededor de los 100 mg. Se encuentra en las nueces, el marisco y las carnes, fundamentalmente de aves.

ALIMENTOS RICOS EN Se	
Cantidad de Se (µg/100 g de alimento)	
Sepia	65
Sardina en aceite	50
Pipas de girasol	49
Berberechos	45
Almejas	45
Chirlas	45
Mejillón	45
Lenguado	44
Pan integral	34
Arenque	34
Atún en escabeche	30
Salmón ahumado	24
Yema de huevo	20
Nueces	19
Conejo	17
Alubias	16
Arroz	10
Champiñón	9
Pollo	6
Chocolate con leche	4

Figura 6.19. *Contenido de Se en alimentos.*

6.2.12. Manganeso (Mn)

Forma parte de numerosas enzimas, algunas de ellas con funciones antioxidantes y también del tejido conjuntivo, cartilaginoso y óseo.

Se absorbe poco a partir de los alimentos y los que más lo contienen son los frutos secos, los cereales integrales, las verduras y el té.

La cantidad total en el organismo es de 15-20 mg.

ALIMENTOS RICOS EN Mn	
Cantidad de Mn (g/100 g de alimento)	
Ajo	1,6
Palmito	1,4
Espinaca	0,9
Puerro	0,5
Escarola	0,42
Habas	0,42
Endibia	0,42
Acelga	0,3
Brócoli	0,2
Repollo	0,16
Coliflor	0,14
Cebolla	0,14
Berenjena	0,13
Apio	0,1
Pepino	0,08

Figura 6.20. Contenido de Mn en alimentos.

6.2.13. Molibdeno (Mo)

Participa en la conversión de los ácidos nucleicos a ácido úrico y también tiene un cierto efecto protector sobre la caries dental. Actúa también como antioxidante.

La falta de este oligoelemento puede ocasionar arritmias cardíacas e irritabilidad.

Se encuentra en el germen de trigo, en los cereales integrales, en las verduras de hoja muy verde y en las legumbres.

Se recomienda una ingesta diaria de 75 a 250 mg.

6.2.14. Yodo (I)

El 75% del yodo que tiene nuestro organismo se encuentra formando parte de la glándula tiroidea, donde su única función es participar en la formación de hormonas tiroideas.

Su carencia produce un síndrome hipotiroideo en adultos y la enfermedad conocida como cretinismo en niños, con déficit de crecimiento intelectual.

Las principales fuentes son los alimentos marinos. La cantidad del contenido en este mineral en la leche, los huevos y los vegetales depende de la riqueza de yoduro que tenga el suelo de la zona donde se desarrollan.

Los requerimientos mínimos diarios son de 150 mg. Es interesante el consumo de sal yoda-da en habitantes de zonas interiores, lejanas al mar, sobre todo si sus habitantes consumen pocos alimentos marinos.

ALIMENTOS RICOS EN I	
Cantidad de I (µg/100 g de alimento)	
Algas desecadas	1.470
Sal yodada	600
Leche en polvo	240
Berberechos	160
Almejas	160
Chirlas	160
Yema de huevo	100
Arenque	100
Sardina	100
Ajo	94
Gambas, langostinos	90
Harina de maíz	80
Bacalao	60
Sal de mesa	44
Nécoras	40
Mantequilla	38
Acelgas	35
Mejillón	35
Judías verdes	32
Piña	30

Figura 6.21. Contenido de I en alimentos.

6.2.15. Vanadio (Va)

El vanadio ayuda a controlar los niveles de colesterol y triglicéridos. Tiene un efecto similar a la insulina en el tejido adiposo.

Dosis elevadas producen un efecto acumulativo en el hueso con repercusiones negativas para la salud a largo plazo.

Se encuentra fundamentalmente en los rábanos, azúcar moreno, eneldo y aceites vegetales. No hay conocimientos ciertos sobre sus necesidades diarias, aunque son muy bajas.

6.2.16. Níquel (Ni)

Fundamentalmente se encuentra distribuido por la piel y el esqueleto, aunque también actúa en el aparato digestivo y en la incorporación del hierro a los glóbulos rojos. Actúa como regulador de la producción de energía en las **mitocondrias**, que son unos orgánulos situados en el interior de las células que constituyen la verdadera «caldera metabólica» del organismo, ya que es allí donde se producen los procesos de combustión de nutrientes para generar energía.

La dieta deficitaria origina anomalías en hepatocitos y alteraciones en el consumo de oxígeno en el hígado. Se produce un incremento de fosfolípidos hepáticos. Su escasez provoca una cierta incapacidad para la realización de actividad física.

Podemos encontrarlo en las verduras, las frutas, el maíz y el arroz.

6.2.17. Cobalto (Co)

Forma parte de la vitamina B_{12} o cianocobalamina. Hay alrededor de 1 mg en el organismo. Se encuentra fundamentalmente almacenado en el hígado, pero también el páncreas es rico en cobalto. La aportación de cobalto se obtiene mediante la ingesta de vitamina B_{12}.

La ingesta insuficiente puede ocasionar anemia.

Podemos encontrarlo en huevos, legumbres, carnes y vísceras.

Se estima necesario un aporte diario de **150 a 600 µg/día**.

Los principales alimentos ricos en cobalto son la carne, el pescado, la leche y derivados, los huevos y las ostras.

6.2.18. Cromo (Cr)

Está distribuido por todo el organismo. Es necesario para metabolizar los glúcidos. Forma lo que se conoce como **factor de tolerancia de glucosa**, y es necesario para que la insulina actúe introduciendo la glucosa en el interior de las células, por lo tanto, cuanto mayor sea el consumo de glúcidos, mayor será la necesidad de cromo. También está relacionado con la disminución de los niveles de colesterol, con la síntesis de algunas hormonas y es, además, un activador de varias enzimas que intervienen en numerosas reacciones metabólicas.

La deficiencia de cromo se puede manifestar en una disminución de la tolerancia a la glucosa. Su defecto además puede desembocar en diabetes, hipoglucemia, fatiga y aumento en el colesterol plasmático, porque produce alteraciones en el metabolismo de la glucosa y lípidos. Además se producen desórdenes nerviosos.

Está presente en el hígado, en la levadura de cerveza, en los cítricos y en los cereales integrales.

Su absorción es muy baja y se cree que **el aporte necesario está en torno a los 100 mg diarios.**

6.2.19. Silicio (Si)

Los conocimientos actuales sobre el silicio son pocos. No se sabe con exactitud qué cantidades diarias se necesitan. Sí se conoce su importante papel en la formación de cartílagos, huesos y tejido conjuntivo, por lo que es necesario también para mantener la elasticidad de los grandes vasos sanguíneos. El silicio está concentrado en su mayoría en la piel y en los huesos.

La carencia de silicio podría provocar alteraciones en huesos y cartílagos y también falta de elasticidad en la piel y caída del cabello.

El silicio absorbible es el orgánico, presente en los vegetales integrales y los alimentos ricos en fibras.

6.2.20. Estaño (Sn)

El contenido total de estaño en el cuerpo es de 15 mg. Se absorbe una mínima parte del que se consume. Se acumula fundamentalmente en el hígado y el bazo. No se sabe con exactitud qué función desempeña en el organismo.

Prácticamente no hay estaño en los alimentos. Su consumo se produce al estar contenido en alimentos ácidos, como los zumos envasados en envases de hojalata, donde se genera una solubilización parcial de la lata.

6.2.21. Boro (B)

Su función está relacionada con el metabolismo del calcio. Reduce la pérdida de calcio en la orina y parece estar relacionado con los niveles de estradiol.

La mayor parte de los aproximadamente 50 mg de boro que contiene nuestro organismo está en los huesos.

El boro se encuentra en frutas secas y verduras.

Su ingesta media diaria es de 2 mg.

6.2.22. Arsénico (As)

El cuerpo contiene unos 10 mg de arsénico, que está localizado fundamentalmente en el hígado y los músculos, aunque una pequeña cantidad también está en el pelo y las uñas.

Se relaciona con el mantenimiento de la integridad de los glóbulos rojos.

Se encuentra en moluscos marinos y algunas algas. Su absorción es muy baja.

6.3. NUTRIENTES ANTIOXIDANTES

A lo largo de toda nuestra vida, en nuestro organismo se producen innumerables procesos oxidativos que son llevados a cabo por sustancias dotadas de una altísima capacidad oxidante. A estas sustancias las conocemos con el nombre genérico de radicales libres.

Estos compuestos pueden tener tanto un origen exógeno (fuera de nuestro organismo), como endógeno (producidos dentro de nuestro cuerpo). Tanto unos como otros son igualmente perjudiciales y altamente tóxicos.

Los de origen externo proceden del humo del tabaco, la radiación solar, la contaminación ambiental, etc.

Los de origen interno se producen de forma espontánea, como consecuencia de los procesos bioquímicos, tanto los normales que tienen lugar en el interior de nuestro organismo (mecanismos de envejecimiento y degradación de los tejidos, inflamación, defensa antibacteriana, ejercicio físico, estrés, etc.), como anormales (un amplísimo listado de síndromes y enfermedades).

Los más conocidos son los radicales superóxido, peróxido de hidrógeno y radical hidroxilo.

Su poder oxidante, en unos casos, afectará a estructuras próximas a su lugar de formación, y en otros, por su facilidad de difusión (peróxido de hidrógeno y radical superóxido), ejercerá su efecto tóxico lejos de la célula en que es producido, bien directamente o a través de la formación de otros compuestos más reactivos.

En el momento en que se forma un radical libre, éste reacciona rápidamente captando un electrón de otra molécula próxima a él, creando así un compuesto desestabilizado químicamente, y por ello, obligado también a captar el electrón que «le ha sido robado», de otra molécula próxima, y ésta a su vez de otra. Es decir, comienza una reacción en cadena que producirá como resultado una erosión en la membrana celular o en las cadenas de ADN y ARN, que puede «abrir las puertas» al cáncer y a otras importantes enfermedades.

Las erosiones en la membrana celular van disminuyendo su permeabilidad, y por lo tanto, su función, de forma que, con el paso del tiempo, el porcentaje de células dañadas va aumentando hasta alcanzar niveles del 50% en la vejez; lo que constituye las bases del proceso de envejecimiento: un lento camino de destrucción celular que impide a las diversas células ejercer correctamente su función.

Los radicales libres pueden actuar sobre cualquier molécula del organismo, aunque algunas parecen ser más susceptibles que otras y tener, por lo tanto, consecuencias más importantes.

Especialmente sensibles resultan los ácidos nucleicos, que pueden presentar importantes anomalías como consecuencia de la hidroxilación de bases nitrogenadas, y formar sustancias anómalas (como timidina glicol, 5-hidroximetiltiouracilo y 8-hidroxiguanidina) y rotura de hebras de ADN.

Durante todo el proceso de la vida, esos radicales libres erosionan cadenas de ADN y ARN. Sabemos que la función de estos ácidos nucleicos es la fabricación continua de sustancias indispensables para la vida: proteínas musculares, enzimas, inmunoglobulinas, etc. Por lo tanto, es muy fácil deducir que un daño en los ácidos nucleicos generará, no solamente la disminución de su función, sino la fabricación de «sustancias equivocadas», que a su vez podrán generar, con el paso del tiempo, la disminución de nuestro potencial inmunológico y también la aparición de diversos tipos de cáncer.

El organismo humano, al presentar metabolismo aerobio, posee sistemas detoxificadores o antioxidantes propios. Entre ellos se encuentran sistemas enzimáticos, como la catalasa, la superóxido dismutasa (SOD) y el sistema del glutation (GSH), un tripéptido sintetizado en el hígado que contiene un grupo sulfidrilo (-SH), que lo hace idóneo para atenuar el efecto de los radicales libres, y que es el elemento central de muchos sistemas detoxificadores enzimáticos (GSH peroxidasa y GSH reductasa, ligadas al selenio).

Pero también, mediante la alimentación, debemos ingerir sustancias con elevado poder antioxidante, que nos protegerán del daño de los radicales libres, como son el ácido ascórbico o vitamina C y los carotenoides (en frutas y verduras), los tocoferoles, vitamina E (presentes en las semillas, algunos aceites vegetales y en el aceite de oliva virgen), los polifenoles de las semillas de uva o las importantes sustancias antioxidantes del aceite de oliva virgen (hidroxitiroxol), entre otras.

Básicamente, un antioxidante es una molécula que protege a otras de la oxidación, oxidándose ellas mismas y transformándose en compuestos no dañinos. Por ello, debemos asegurarnos una ingesta adecuada de este tipo de micronutrientes.

ENFERMEDADES QUE SE RELACIONAN CON LOS PERJUDICIALES EFECTOS DE LOS RADICALES LIBRES
Alzheimer
Cáncer
Diabetes
Hepatitis
Parkinson
Cataratas
Artritis
Enfermedades cardiovasculares

Figura 6.22. Enfermedades que se relacionan con los perjudiciales efectos de los radicales libres.

Está perfectamente demostrado que la práctica deportiva provoca un aumento de radicales libres. Existen evidencias de que estos radicales libres contribuyen a la instauración de la fatiga y a las lesiones musculares por sobrecarga, además de otros daños a estructuras celulares, como ya se ha comentado anteriormente.

También se sabe que el propio entrenamiento induce un aumento de los niveles de antioxidantes enzimáticos internos, como la superóxido dismutasa, la catalasa y la glutation peroxidasa. Pero estas enzimas orgánicas necesitan la presencia de micronutrientes como el **zinc** o el **selenio** para que el organismo los pueda sintetizar.

Parece razonable, a la vista de todos estos estudios, que la suplementación con un complemento dietético antioxidante puede resultar muy beneficioso a nuestro organismo, y protegernos no solamente contra los radicales libres producidos durante el esfuerzo, sino de todos aquellos que también se generan por el propio metabolismo orgánico, aunque se encuentre en condiciones basales.

Además de tomar suplementos antioxidantes, es recomendable seguir dietas ricas en frutas, verduras, hortalizas, frutos secos, leguminosas y cereales, ya que tienen un contenido importante en nutrientes antioxidantes.

Figura 6.23. *Suplemento de antioxidantes.*

APARATO DIGESTIVO

Clásicamente, el **aparato digestivo** se ha definido como el conjunto de órganos que participan en la digestión de los alimentos. Al conjunto de órganos por donde pasan los alimentos para su digestión también se le llama tubo digestivo por su similitud a un tubo de diferentes diámetros y longitudes: **esófago**, **estómago** e **intestino**.

Aunque tienen también otras funciones, tanto el **hígado** con su **vesícula biliar** como el **páncreas** pueden considerarse como parte del aparato digestivo, ya que secretan sustancias (bilis y enzimas) que favorecen la digestión de los alimentos.

Sabemos que los alimentos están constituidos por sustancias elementales que denominamos nutrientes. Pues bien, el conjunto de órganos de nuestro sistema digestivo transforma los alimentos que ingerimos en nutrientes para poder, de esta manera, absorberlos.

Una vez absorbidos, se aprovecharán como tales o bien se utilizarán para sintetizar otras sustancias imprescindibles para la vida.

7.1. BOCA Y DIENTES. MASTICACIÓN Y GUSTO

La **boca** es la primera unidad anatómica por la que pasan los alimentos.

En ella ocurren dos procesos muy diferenciados:

- Uno es totalmente físico: la **masticación**, que modifica el tamaño del alimento, y lo reduce a fragmentos más pequeños.

- El otro es químico: la **saliva** que segregan automáticamente las glándulas salivares, aparte de actuar como lubricante para facilitar la deglución, contiene enzimas como la amilasa salivar o ptialina, que comienza su acción hidrolizando (rompiendo) las moléculas de hidratos de carbono y la lipasa, que actúa de la misma manera sobre las grasas.

Así pues, podemos afirmar que el proceso digestivo comienza en la boca.

Desde un punto de vista sanitario, se debe educar a la población para que facilite su proceso digestivo masticando muy bien los alimentos que ingiere. De esta forma la saliva puede actuar mejor y durante más tiempo y el tamaño de las partículas que se ingieren es menor, con lo cual se facilita enormemente la acción al resto de las enzimas digestivas.

La saliva, además de facilitar la disolución, el mezclado y la deglución de los alimentos, también tiene un papel protector en la cavidad bucal:

- Por una parte, el propio flujo de la saliva ayuda a lavar y arrastrar los gérmenes patógenos y los restos de alimento que les proporciona el sustento metabólico.

- Por otra parte, la saliva contiene varias sustancias que destruyen los gérmenes.

- También contiene anticuerpos proteicos que son capaces de destruir las bacterias, incluidas las causantes de la caries dental.

Aun así, es fundamental el correcto cepillado de los dientes inmediatamente después de cada ingesta de alimento, al menos tres veces al día, ya que las bacterias saprofitas que tenemos en la cavidad bucal fermentan rápidamente los restos alimenticios que se quedan entre los dientes, y producen así sustancias de carácter ácido que dañan el esmalte dental y pueden provocar no solamente la conocida caries, sino otras enfermedades de la boca menos conocidas como puede ser la piorrea, responsable de una retracción de las encías, haciendo de este modo más inestables a las piezas dentarias y también más vulnerables a las bacterias.

En la boca encontramos los dientes que se encuentran insertos en los alveolos maxilares y cubiertos, en parte, por las encías. El número de piezas dentales en el hombre adulto es de treinta y dos.

En los dientes podemos encontrar tres partes bien diferenciadas:

- **Corona**: es la parte visible de los dientes y está formada por dentina y esmalte, sustancia que la hace extremadamente dura.

- **Cuello**: está cubierto por la encía y es la parte más estrecha.

- **Raíz**: está inserta en los alveolos maxilares y cubierta por cemento.

Dentro de las piezas dentales podemos distinguir tres tipos:

- **Incisivos**: sirven para cortar y tienen forma de bisel.

- **Caninos**: sirven para desgarrar y son puntiagudos. Son los denominados colmillos.

- **Premolares y molares**: sirven para triturar y son de superficie aplanada y ancha con algunas protuberancias.

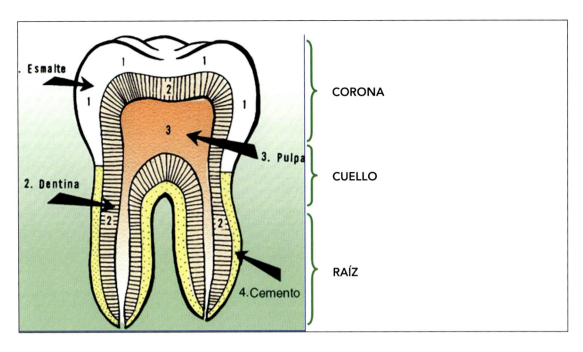

Figura 7.1. *Partes de los dientes. (Imagen extraída y modificada de http://www.minsa.gob.pe/ocom/dientessanos/Dientes%20partes.jpg.)*

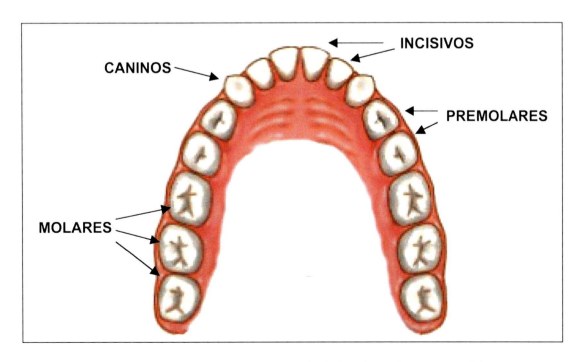

Figura 7.2. *Tipos de piezas dentales (Imagen extraída de la galería de imágenes del proyecto biosfera del Ministerio de Ciencia y Tecnología. Autores: Fernando Bort, Pablo Egea, Carlos Rubio.)*

No podemos olvidar que en la boca se encuentra el **sentido del gusto** (anatómicamente situado en las **papilas gustativas**), que tiene un papel fundamental no solamente en la secreción de la saliva, sino también en la misma alimentación, ya que en muchos casos el sabor de un alimento es determinante a la hora de su ingestión, lo cual puede producir desequilibrios alimentarios que inciden negativamente sobre la salud.

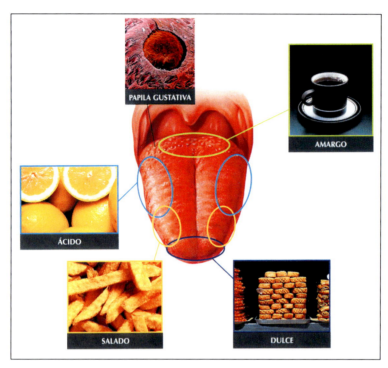

Las papilas gustativas se encuentran dispuestas de manera irregular en la boca y en cada zona de la misma se reconocen los distintos sabores. En las papilas de la punta de la lengua se distingue el sabor **dulce**, en la parte posterior el **amargo** y en los laterales el **salado** y el **ácido**.

Figura 7.3. Detección de los diferentes sabores en la lengua.

7.2. ESÓFAGO. CONDUCCIÓN

El esófago es un conducto elástico que mide alrededor de 25 cm de largo y 4 cm de diámetro. Es un órgano musculoso que permite por medio de contracciones el paso del alimento al estómago.

Cuando se traga el contenido alimenticio que hay en la cavidad bucal (**deglución**), comienza su trabajo el esófago.

El acto de la deglución pone en marcha los movimientos, llamados **peristálticos**, del esófago. De este modo el contenido bucal llega al estómago, para lo cual se abre el cardias, que es la válvula que deja entrar, pero no salir, los alimentos que le llegan.

El esófago es un tubo dotado de unas potentes fibras musculares que son capaces de transportar el alimento también en contra de la gravedad.

Las secreciones del esófago son solamente mucosa. En la primera porción le protegen del raspado de los alimentos que se ingieren y en la última porción le proporcionan una protección contra los jugos gástricos que puedan refluir desde el estómago, aunque no es una protección tan potente como la que tiene el estómago. Así pues, si el cardias no cierra correctamente, parte del contenido ácido gástrico puede salir hacia el esófago (**reflujo gastroesofágico**) y producirle una irritación que podrá tener cierta importancia si este hecho es continuado en el tiempo.

En estos casos, se recomienda mantener una posición erecta durante las dos horas siguientes a las comidas y que éstas no sean ni excesivamente copiosas, ni excesivamente grasas ni que contengan sustancias irritantes como lo son el café, el alcohol o las especias.

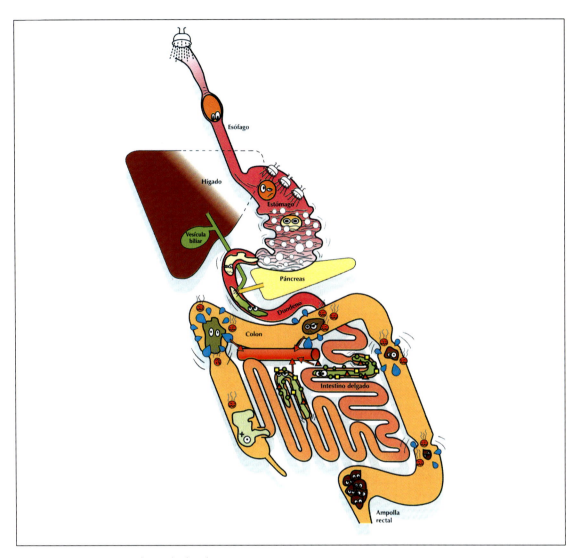

Figura 7.4. *Itinerario de un bolo alimenticio.*

7.3. ESTÓMAGO

7.3.1. Descripción anatómica

El estómago es la porción del tubo digestivo situada entre el esófago y el duodeno. En él se mezclan los alimentos y comienza la digestión de las proteínas.

Está separado del esófago por el **cardias** y de la primera porción de intestino delgado (duodeno) por otro esfínter llamado **píloro**.

Anatómicamente se distingue el **fondo**, que es la parte alta y más voluminosa, el **cuerpo** o parte intermedia y el **antro**, que corresponde a la parte inferior.

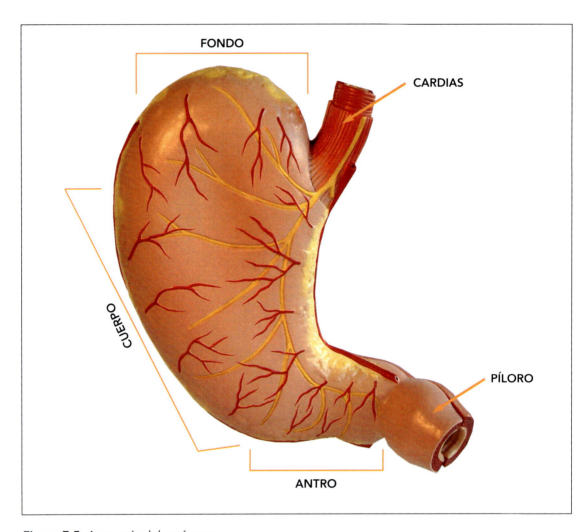

Figura 7.5. *Anatomía del estómago.*

Su parte interna segrega, además de ácido clorhídrico y enzimas, una sustancia mucosa densa compuesta fundamentalmente por agua, electrolitos y glucoproteínas, que lo recubre y a su vez lo protege de la acción de las enzimas y la acidez.

7.3.2. Descripción funcional. Regulación peristáltica

El estómago, al igual que todo el tubo digestivo, tiene también sus propios movimientos peristálticos. Las funciones motoras del estómago comprenden:

• Almacenamiento de grandes cantidades de alimento hasta que éste comience a ser «procesado» por el duodeno.

• Mezclado de los alimentos con las secreciones procedentes del propio estómago hasta que estos formen una mezcla semilíquida llamada **«quimo».**

• Vaciamiento lento de su contenido al intestino delgado para que éste pueda digerirlo y absorberlo correctamente.

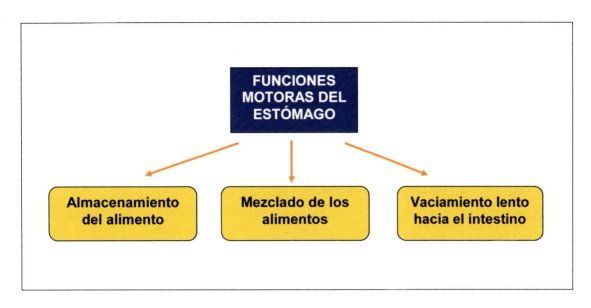

Figura 7.6. Esquema de las funciones motoras del estómago.

Con la llegada de alimento al estómago se desencadena automáticamente la **secreción de jugos digestivos**. Éstos son secretados por las **glándulas gástricas** que cubren casi totalmente la pared del cuerpo gástrico. A la vez, comienzan a producirse las llamadas **ondas de constricción**, también llamadas ondas de mezcla, que tienen una dirección hacia el antro. Se generan a un ritmo de una cada 15 ó 20 segundos.

Cuando estas ondas de mezcla llegan al **píloro**, éste se contrae todavía más, dejando pasar solamente unos pocos mililitros de quimo, por lo que la mayor parte de éste resulta comprimido y vuelve hacia atrás en un movimiento de «retropropulsión». Estas ondas perduran hasta lograr el vaciado total del contenido gástrico. De esta forma, los alimentos contenidos en el estómago son perfectamente mezclados y a la vez, los jugos gástricos comienzan la primera parte del proceso de la digestión de las proteínas hidrolizando (rompiendo) las largas cadenas proteicas, que se transforman así en polipéptidos.

El tiempo de permanencia de los alimentos en el estómago depende tanto de su cantidad como de su naturaleza química. Los alimentos líquidos se vacían antes que los alimentos sólidos y, a mayor volumen de alimento mayor permanencia en el estómago. Además, cuanto más graso es un alimento, más retraso sufre su vaciado. Por ello, si se desea realizar una digestión rápida, se debe disminuir el contenido graso de los alimentos que compongan la ingesta.

Pero hay otros factores que influyen en la velocidad del vaciado gástrico. Esta velocidad se ve disminuida también cuando hay una cantidad demasiado grande de quimo en el intestino delgado, cuando el quimo es demasiado ácido, cuando es hipertónico, irritante o contiene una elevada cantidad de proteínas o de grasa no procesada.

Por ello, se recomienda a las personas que presentan problemas digestivos y también en general para evitar digestiones pesadas, que la ingesta diaria de alimentos se reparta en cinco comidas no demasiado abundantes, sobre todo la cena, ya que cuando se duerme, también se enlentece el proceso de vaciado gástrico.

7.4. INTESTINO DELGADO

El tubo digestivo se estrecha considerablemente a la salida del estómago. La porción situada entre éste y el colon o intestino grueso recibe el nombre de intestino delgado.

7.4.1. Descripción anatómica

El intestino delgado se diferencia en dos partes muy distintas. La primera se llama **duodeno**. La segunda, a su vez, también se divide en dos porciones, aunque muy poco diferenciadas, el **yeyuno** y el **íleon**.

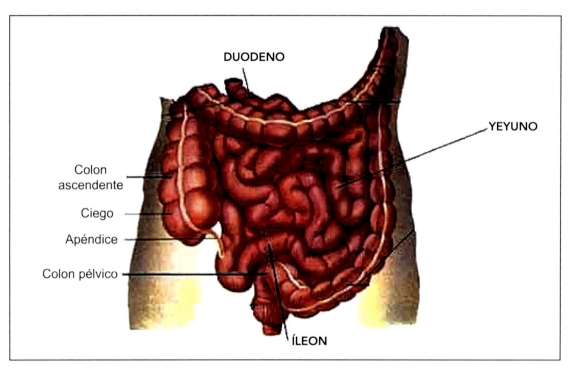

Figura 7.7. *Partes del intestino: duodeno, yeyuno e íleon. (Imagen extraída de http://www.araucaria2000.cl/digestivo/intestino.jpg.)*

Las paredes del intestino delgado están formadas por cuatro capas concéntricas, que del exterior al interior son:

* Serosa.
* Muscular.
* Submucosa.
* Mucosa.

En la pared intestinal podemos distinguir unas protuberancias denominadas vellosidades, en cuya superficie observamos otras más pequeñas llamadas microvellosidades. Gracias a estas estructuras, la superficie intestinal aumenta unas veinticinco veces, lo que permite una mayor y mejor absorción de los nutrientes.

El nombre de duodeno viene del latín *duodenum digitorum*, ya que tiene aproximadamente doce dedos de longitud, esto es, 30 cm. Además de recibir el contenido gástrico, a la pri-

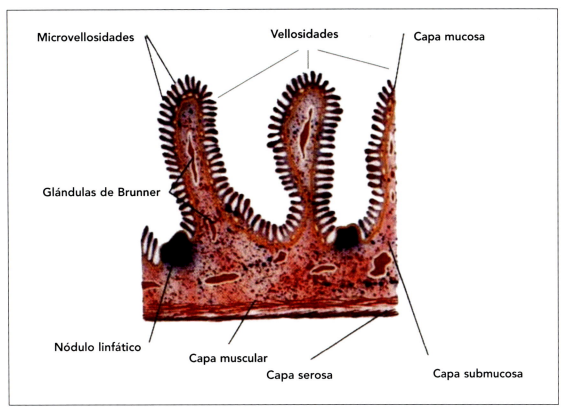

Figura 7.8. *Estructura de la pared del estómago. (Imagen extraída y modificada de http://www.araucaria2000.cl/digestivo/mucosaintestinal.jpg.)*

mera porción duodenal llegan tanto las enzimas pancreáticas como la bilis. Para impedir que la acción irritante producida por la acidez del contenido gástrico dañe a las células de la pared duodenal, existe allí un amplio conjunto de glándulas mucosas llamadas **glándulas de Brunner**, que segregan un moco alcalino cuya función es la de proteger las células duodenales y a la vez, elevar el pH de su contenido.

La estimulación del sistema nervioso simpático inhibe la actividad de las mencionadas glándulas de Brunner, por lo que el epitelio duodenal queda más expuesto al ataque del jugo gástrico, lo cual puede originar desde una pequeña irritación del bulbo duodenal hasta una úlcera péptica.

El estrés y el ejercicio físico intenso producen una estimulación simpática, por lo tanto, no se debe iniciar un entrenamiento o competición hasta que el estómago haya vaciado su contenido, esto es alrededor de las dos o tres horas después de una comida normal.

El duodeno comienza en el píloro y termina en el denominado ángulo duodenoyeyunal o ángulo de Treitz. Presenta forma de C y en él se pueden distinguir cuatro partes:

- Una primera horizontal que va desde el píloro hasta la vesícula biliar. Es donde se suele localizar la úlcera duodenal.

- La segunda es una parte vertical que rodea el límite derecho del páncreas. Allí confluyen el colédoco y el conducto pancreático o de Wirsung.

- La tercera vuelve a ser una porción horizontal.

- La última es otra porción vertical y termina en el ángulo de Treitz, como ya hemos visto anteriormente.

En las porciones del yeyuno y el íleon se completa la digestión y continúa la absorción de nutrientes.

7.4.2. Descripción funcional

El intestino delgado, como todo el resto del tubo digestivo, también tiene sus propias contracciones, que consiguen mezclar e impulsar poco a poco su contenido hacia el colon.

Durante este trayecto, mediante la acción de los ácidos biliares, las enzimas pancreáticas, y las propias enzimas intestinales, se acaban de digerir tanto los hidratos de carbono como las proteínas y las grasas.

Una vez transformados en moléculas simples, son absorbidos por la mucosa intestinal. Para ello, el propio intestino delgado produce unos 1.800 mililitros diarios de secreción acuosa, con un pH entre 7,5 y 8 que ayuda a la absorción de nutrientes.

7.5. INTESTINO GRUESO

El intestino grueso se divide en dos partes, el **colon** y el **recto**.

7.5.1. Descripción anatómica

La última porción del íleon posee una gruesa capa muscular llamada **esfínter ileocecal**. En condiciones normales este esfínter está ligeramente contraído y reduce la velocidad de vaciamiento del contenido intestinal hacia el colon, excepto inmediatamente después de las comidas, que se distiende (**reflejo ileocecal**). A continuación se encuentra la **válvula ileocecal**, que impide el reflujo del contenido cecal desde el colon hacia el intestino delgado.

Debajo de la válvula ileocecal se sitúa el **ciego** que es una estructura similar a un saco y es donde encontramos el **apéndice vermiforme** que cuando se inflama produce la conocida apendicitis.

El íleon desemboca en la porción de colon llamada **colon ascendente**, al que le sigue el **colon transverso** y el **colon descendente**, que comunica con el recto.

Como todo el tubo intestinal, el colon también segrega una sustancia mucosa que lo recubre y a la vez facilita el deslizamiento de su contenido, que es ayudado por su propio movimiento peristáltico, originando contracciones que lo van empujando hacia el recto.

7.5.2. Descripción funcional

Las funciones principales del colon son la absorción de agua y electrolitos procedentes del quimo, y el almacenamiento de la materia fecal hasta el momento de ser expulsada. Los fe-

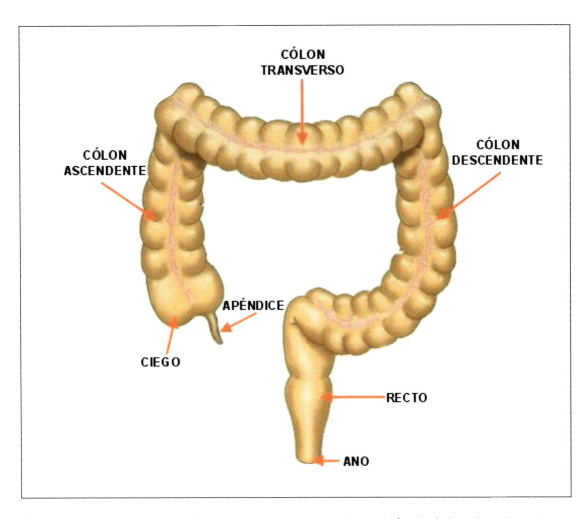

Figura 7.9. *Anatomía del intestino grueso. (Imagen extraída y modificada de la galería de imágenes del proyecto biosfera del Ministerio de Ciencia y Tecnología. Autores: Fernando Bort, Pablo Egea, Carlos Rubio.*
http://iris.cnice.mecd.es/biosfera/profesor/galería_imagenes/images/Digestivo4F5.jpg.)

nómenos de absorción tienen lugar fundamentalmente en la primera mitad del colon, siendo la parte distal la encargada del almacenamiento.

Mediante las continuas contracciones se logra que todo su contenido quede expuesto a la superficie del intestino grueso, y se consigue de esta manera la absorción progresiva del líquido y las sustancias disueltas en él.

Así pues, cuanto más tiempo permanezca la masa fecal en el colon, más agua perderá y por lo tanto, se formarán unas heces más sólidas que producirán mayores problemas en su expulsión. Por otra parte, si la velocidad de tránsito es demasiado rápida, la absorción será más incompleta y las heces serán pastosas o incluso líquidas.

7.6. GLÁNDULAS ANEJAS

Las glándulas anejas son el **hígado** y el **páncreas**. Aunque no pertenecen al tubo digestivo sí que forman parte de este sistema, puesto que, como hemos visto, participan en los procesos de digestión.

7.6.1. Hígado

El hígado está formado por dos lóbulos a su vez compuestos de múltiples lobulillos.

En él se encuentran las vías biliares, que tienen como función conducir la bilis secretada por el hígado hasta el tubo digestivo, previo almacenamiento en la vesícula biliar.
Dentro de las diversas funciones que desempeña el hígado podemos destacar las siguientes:

- Producción de bilis, fundamental para la digestión de las grasas.
- Producción de proteínas del plasma sanguíneo.
- Transformación de glucosa en glucógeno para su almacenamiento.
- Regulación de los niveles de aminoácidos en sangre.
- Almacenamiento de hierro a través del procesamiento de la hemoglobina.
- Transformación del amoniaco tóxico en urea.
- Depuración de la sangre de sustancias tóxicas para el organismo.

7.6.2. Páncreas

El páncreas es un órgano alargado y cónico. La parte que se encuentra a la derecha se denomina **cabeza del páncreas** y es la zona más ancha. La parte de la izquierda recibe el nombre de **cuerpo del páncreas** y su final se denomina **cola**.
El páncreas está formado por dos tipos de tejido: exocrino y endocrino. El **tejido exocrino** es el encargado de secretar las enzimas digestivas a través de una red de conductos que, finalmente, se unen en el **conducto pancreático**. En el **tejido endocrino** se encuentran las células productoras de insulina.

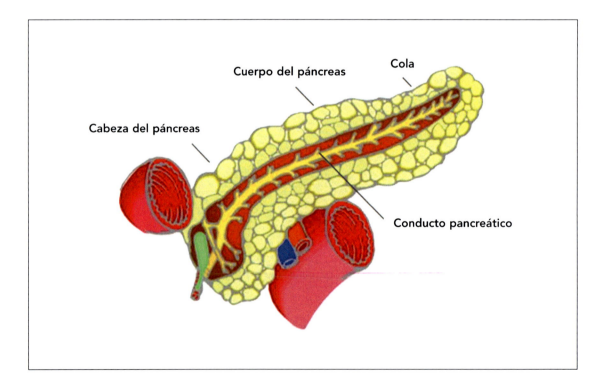

Figura 7.10. Anatomía del páncreas. (Imagen extraída y modificada de
http://journalism.berkeley.edu/projects/transplants/images/pancreascopy.jpg.)

Las funciones llevadas a cabo por el páncreas son hormonales y digestivas.

En cuanto a las **funciones digestivas**, ya hemos comentado anteriormente que se encarga de la secreción de enzimas digestivas. Éstas son transportadas a través del conducto pancreático hasta el conducto biliar en su forma inactiva pero cuando entran en contacto con el duodeno se vuelven activas. También el páncreas produce bicarbonato para contrarrestar el ácido estomacal. En cuanto a las funciones hormonales, el páncreas secreta hormonas como la insulina y glucagón (encargadas de la regulación de la glucosa sanguínea).

7.7. PRINCIPALES ENFERMEDADES QUE AFECTAN AL APARATO DIGESTIVO

Sin querer abordar las enfermedades que afectan al sistema digestivo, lo cual es ya materia médica especializada, sí que podemos repasar las más simples y frecuentes.

7.7.1. Boca

En la cavidad bucal se encuentran las piezas dentarias, que son las más afectadas por procesos debidos en muchas ocasiones a la falta de una higiene bucal adecuada.
La alteración más frecuente es la **caries dental**, que si no se trata a tiempo, puede producir la destrucción total de la pieza atacada. La caries es producida por la degradación de las sustancias que forman el diente, producida por la acción de las bacterias.

También las **infecciones de las encías** son producidas por bacterias y se pueden combatir fácilmente con antibióticos. Dentro de los problemas habituales en las encías destacamos la **piorrea** (degradación de los alveolos maxilares donde se anclan los dientes) y la **gingivitis** (inflamación, dolor y pequeñas heridas en las encías).

Otra de las lesiones frecuentes es la aparición de **llagas** en la boca. Éstas pueden estar producidas por simples arañazos y se curan en poco tiempo. Pero en otros casos se pueden formar úlceras de origen bacteriano o fúngico, e incluso producidas por herpesvirus (aparecen en los labios). El estrés y factores emocionales pueden conducir a la aparición de estas dolencias.

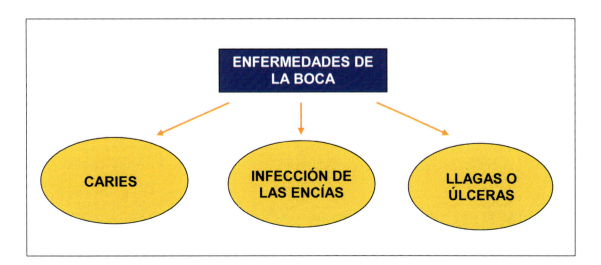

Figura 7.11. Esquema de las enfermedades de la boca.

Es imprescindible para verificar una salud bucal correcta, la visita al menos una vez al año al dentista u odontólogo, ya que puede haber alteraciones que pasan desapercibidas, pero que el especialista reconoce en un examen rutinario y por ello, puede solucionarlas antes de que produzcan un daño mayor.

7.7.2. Esófago

En este órgano las alteraciones más frecuentes son las irritaciones producidas por la ingesta inadecuada de ciertos alimentos irritantes (alcohol, picantes, etc.) o excesivamente calientes, y las producidas por el reflujo del contenido gástrico, que pueden llegar a convertirse en un problema importante. Esto produce una inflamación en el estómago que recibe el nombre de **esofagitis**.

Son menos frecuentes los problemas debidos a las alteraciones de su movimiento peristáltico.

Para evitar algunos de estos problemas, debemos tener moderación en la ingesta de alimentos irritantes, evitar tanto los excesivamente calientes o demasiado fríos, masticar muy bien lo que comemos y evitar las prisas en la ingesta de alimentos.

7.7.3. Estómago

Los problemas más frecuentes están relacionados con la irritación de su mucosa y con su propio peristaltismo.

Al igual que el esófago, el estómago, aunque tenga una mayor protección de su mucosa, también es sensible a los alimentos irritantes, por lo tanto, las anotaciones hechas anteriormente siguen siendo válidas para este órgano.

Ahora bien, como en él se produce ácido clorhídrico, las irritaciones son mucho más frecuentes y por ello, también las ulceraciones de su mucosa.

No podemos olvidar la relación que tiene una bacteria llamada *Helicobacter pylori* con las enfermedades gástricas de algunos individuos, pero esto ya es un tema que excede del alcance de este manual.

Los defectos en su movimiento sí son importantes y afectan a un número elevado de individuos. En muchos de estos casos, estas alteraciones están relacionadas con la ansiedad y el estrés, ya que el estómago, y en conjunto, todo el tubo digestivo, es un órgano que somatiza pronto los problemas mentales (reacciona de una forma física cuando hay una carga psíquica importante).

Los retrasos en su velocidad de vaciado pueden producir acidez, náuseas, vómitos, sensaciones de saciedad excesiva, etc. que disminuyen de una forma importante la calidad de vida del individuo que las padece.

Por ello, los consejos referidos al esófago son también válidos aquí: comer pausadamente, sin prisas, masticar bien los alimentos, y evitar el estrés.

Las enfermedades más habituales son la **gastritis** (inflamación de la mucosa gástrica) y la **úlcera gastroduodenal** (producida por agentes ambientales).

7.7.4. Intestino delgado

En esta porción del tubo digestivo, la molestia más frecuente es la irritación en la zona del bulbo duodenal, que es la primera porción del duodeno y por lo tanto la más expuesta a la irritación del contenido gástrico. Estas irritaciones pueden transformarse en úlceras (úlcera de duodeno).

El resto de alteraciones escapan al alcance de este manual.

7.7.5. Intestino grueso

En este último tramo del intestino, las alteraciones más frecuentes se deben a somatizaciones que alteran el movimiento normal del colon, y que originan episodios de diarrea, estreñimiento, dolores espásticos, pinchazos, sensaciones de hinchazón, etc., todas ellas muy desagradables y que producen un continuo estado de preocupación a la persona que las padece por su prolongada persistencia. Están relacionadas en la mayor parte de los casos a sobrecargas psíquicas y su tratamiento es complejo.
Mención aparte merece la **colitis ulcerosa**, enfermedad autoinmune inflamatoria del intestino.

Otro fenómeno frecuente es el **estreñimiento**, padecido por una parte importante de la población, sobre todo femenina y a partir de una mediana edad. Su tratamiento dietético consiste en aumentar la cantidad de fibra y agua en las comidas y en una reeducación del reflejo de la defecación.

Para mantener una buena salud del intestino grueso, además de evitar el estrés y la ansiedad, es aconsejable:

* Tomar una cantidad adecuada de fibra a lo largo del día, aunque no existan problemas de estreñimiento.

* Ingerir preparados lácteos ricos en bacterias que atraviesan la barrera gástrica, como son el *Lactobacillus bifidus*, el *Lactobacillus casei* y el *Lactobacillus acidophilus*. A estos alimentos se les denomina probióticos.

* También resulta muy interesante tomar alimentos prebióticos, esto es, ricos en una fibra soluble llamada oligofructosacárida o fructooligosacárida, que favorece el crecimiento de las bacterias protectoras (conocidas como las bacterias «buenas») presentes en esta porción del intestino. Este tipo de sustancias abundan en las verduras y hortalizas.

OBJETIVOS DE LA NUTRICIÓN EN EL DEPORTE

8.1. APORTE DE ENERGÍA

Cuando se habla de que los alimentos aportan energía, normalmente ésta se asocia al ejercicio físico, no solamente el relacionado con un entrenamiento deportivo, sino también el asociado a cualquier tipo de movimiento, el ligero desplazamiento de los dedos al escribir en un ordenador, la acción de masticar o caminar para comprar el periódico.

Pero la energía es imprescindible para que nuestro organismo lleve a cabo todo el conjunto de actividades diarias: desde el movimiento físico hasta el mantenimiento de todas sus estructuras.

Esto quiere decir que la energía es necesaria para todo: el pensar, el caminar, el digerir los mismos alimentos, el ver y oír, el crecimiento de un niño, el latido cardíaco, el mantenimiento de la temperatura corporal, etc. Y esa energía necesaria sólo la obtenemos de los alimentos.

Así pues, la energía en el organismo la proporcionan los nutrientes contenidos en los alimentos y se expresa en calorías. **Una caloría es la cantidad de calor necesaria para aumentar en 1 grado centígrado 1 gramo (1 mililitro) de agua desde 15,5°C a 16,5°C a presión atmosférica constante**. Del mismo modo, una kilocaloría sería la cantidad de energía necesaria para aumentar esa temperatura a 1 kilogramo de agua.

Cuando esto se traslada a la nutrición, el valor de una caloría se queda muy pequeño y por ello se habla de **kilocaloría (kcal) o Caloría («caloría grande»)**, o incluso de **Julio o kilojulio (kJ)**, que es la unidad del Sistema Internacional de Medidas.

Su equivalencia ha variado ligeramente en los últimos años. Hoy se admite la siguiente:

1kcal: 4,128 kJ

Las necesidades de energía del organismo dependen de varios factores:

- **Edad**. Recordemos que para que haya crecimiento se necesita energía.

- **Sexo**. El hombre consume más y, por lo tanto, requiere una mayor ingesta energética que la mujer.

- **Temperatura externa.**

- **Actividad física.**

- **Estado emocional**. Altos niveles de estrés o ansiedad aumentan el consumo calórico.

8.1.1. Necesidad de energía y metabolismo basal

Para que resulte más comprensible, definiremos al **metabolismo basal** como la cantidad de energía mínima necesaria para mantener las funciones vitales del organismo en reposo, tanto físico como mental, es decir, para que no se paralicen procesos necesarios para la vida, como el funcionamiento del corazón, la respiración, el funcionamiento hepático, renal, nervioso, etc.

Para calcular cuánta energía necesitamos, debemos tener en cuenta, fundamentalmente, el gasto energético aproximado que supone el metabolismo basal de cada persona y añadir sobre él la necesaria para el crecimiento y desarrollo si se trata de un individuo en período de crecimiento, la llamada acción dinámico-específica de los alimentos o **termogénesis** (energía consumida para la propia utilización de los nutrientes) y finalmente, la necesaria para el mantenimiento de su actividad física, sin olvidarnos del estado emocional del individuo.

Y como actividad física no debemos entender exclusivamente la práctica deportiva, sino también el conjunto de actividades físicas inherentes o necesarias para el desarrollo de su pro-

fesión. No tiene los mismos requerimientos energéticos un administrativo de una empresa que un trabajador de la construcción.

Hay infinidad de tablas que indican **aproximadamente** cuál es el gasto energético por minuto de diversas actividades normales en la vida diaria e incluso en las diferentes intensidades del desarrollo de la práctica deportiva, dependiendo de cuál sea ésta. A continuación se expone una de estas tablas.

TABLAS DE CONSUMO ENERGÉTICO POR ACTIVIDAD					
Energía gastada en 10 minutos de actividad física					
Actividad	**kcal. consumidas en función del peso corporal**				
Necesidades personales	**50kg**	**60kg**	**70kg**	**80kg**	**100kg**
Dormir	10	12	14	16	20
Sentado	15	18	21	24	30
Vestirse, lavarse	26	32	37	42	53
Locomoción					
Caminar	29-52	35-62	40-72	46-81	58-102
Correr (9-19 km/h)	90-164	108-197	125-228	142-258	178-326
Ciclismo	42-89	50-107	58-124	67-142	83-178
Actividades laborales					
Trabajo de oficina	25	30	34	39	50
Cadena de montaje	20	24	28	32	48
Albañilería	35	42	48	54	69
Picar y remover tierra	56	67	78	88	110
Actividades deportivas					
Baloncesto	58	70	82	93	117
Esquí alpino	80	96	112	128	137
Fútbol	69	83	96	110	137
Natación crol	40	48	56	63	80
Tenis	56	67	80	92	115

8.1.2. Energía y nutrientes

Siempre que se relacionan nutrientes y energía, se contempla qué cantidad de ésta es capaz de generar un gramo de ese nutriente específico.

Cada uno de los nutrientes energéticos es capaz de generar una determinada cantidad de energía, como se describe a continuación:

1 gramo de proteínas	4 kcal
1 gramo de hidratos de carbono	4 kcal
1 gramo de grasas	9 kcal

No debemos olvidar tampoco que 1 gramo de alcohol genera aproximadamente 7 kcal.

Así pues, para calcular la energía que contiene o que genera un alimento, debemos tener en cuenta cuál es su composición porcentual en cada uno de los nutrientes energéticos que contiene.

A modo de ejemplo, imaginemos 100 gramos de un alimento que contiene la siguiente composición:

54% de hidratos de carbono
9,5% de proteínas
22,3% de grasas

Como el resto de nutrientes que contiene hasta sumar el 100% no son energéticos, no los tenemos en cuenta para hacer el cálculo.

54 gramos de hidratos de carbono x 4	216 kcal
9,5 gramos de proteínas x 4	38 kcal
9,5 gramos de grasas x 9	85,5 kcal
TOTAL (100 g alimento)	339,5 kcal

Hay numerosas tablas publicadas que contienen la composición en nutrientes de los distintos alimentos que existen y que se pueden utilizar para realizar estos cálculos.

El proceso mediante el cual los diversos nutrientes son transformados en energía se conoce genéricamente como **oxidación**. Así se habla de la oxidación de las grasas o de los carbohidratos.

8.1.3. Concepto de energía química

Aunque en el siguiente capítulo se desarrolla este concepto y sus consecuencias orgánicas con mayor detenimiento, seguidamente se exponen los conocimientos básicos necesarios para facilitar mejor su comprensión.

El organismo dispone de una molécula conocida como **ATP** (adenosin trifosfato o trifosfato de adenosina, esto es, una molécula de adenosina unida a tres moléculas de fosfato) para la obtención de energía. Se le ha denominado «moneda de intercambio energético» porque se utiliza la mayor parte de las veces que se tienen necesidades energéticas.

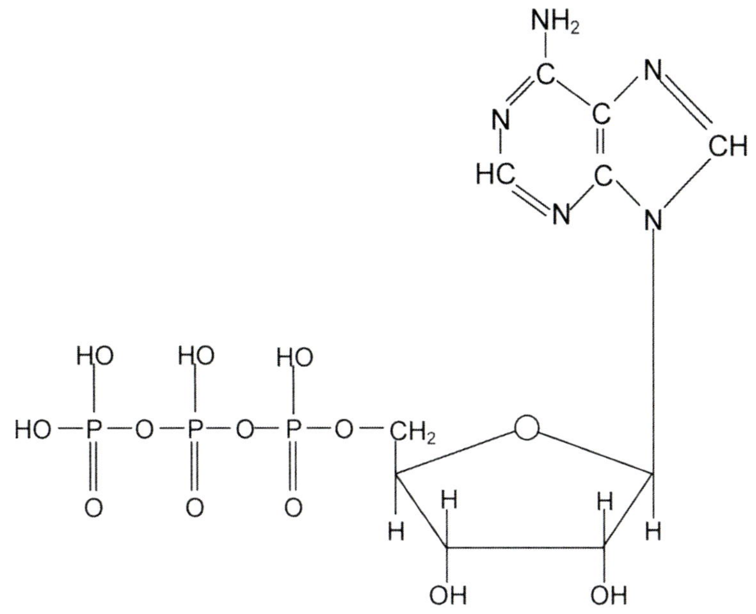

Figura 8.1. Estructura de la molécula de ATP.

La fibra muscular obtiene la energía que necesita en cada momento rompiendo (hidrolizando) la molécula de ATP, de esta forma libera un radical fosfato. Así, la molécula de ATP se convierte en **ADP** (adenosin difosfato) y se obtienen 7,2 kcal por mol, de las cuales, alrededor del 20% se convertirán en trabajo mecánico y el resto se disipará en forma de calor.

La molécula de ADP así formada será reutilizada por el organismo para sintetizar nuevo ATP. De esta forma, el organismo transforma la energía química en energía mecánica. Un buen ejemplo de ello es la contracción muscular.

8.1.4. Sustratos energéticos

Las reservas de ATP dentro de la fibra muscular son escasas, por lo tanto, el músculo necesita obtener continuamente ATP para responder a sus necesidades energéticas.

Para ello dispone de una serie de sistemas enzimáticos que le permiten conseguir esa energía necesaria a partir de una serie de sustratos energéticos, como son:

• **El propio ATP** almacenado en la fibra muscular.

• **Los depósitos de fosfocreatina**, también almacenados en la fibra muscular. El conjunto de ATP y fosfocreatina almacenados en el músculo reciben el nombre de «fosfágenos» o «fosfatos de alta energía».

• **El glucógeno muscular y hepático junto con la glucosa sanguínea**. Ya sabemos que el glucógeno es la forma de almacenar glucosa por el organismo.

113

• **Los ácidos grasos,** que pueden tener su origen en los propios depósitos de triglicéridos de la fibra muscular o en los triglicéridos existentes en los adipocitos (células que almacenan grasa). Ya sabemos que los triglicéridos son las moléculas que utiliza el organismo para almacenar los ácidos grasos. Recordemos que están formados por una molécula de glicerol y tres ácidos grasos que pueden liberarse mediante la acción de una enzima llamada lipasa. Una vez liberados, los ácidos grasos que provienen de los triglicéridos de la propia fibra muscular ya se pueden utilizar directamente, pero los que provienen de los adipocitos son transportados por la sangre hasta el músculo unidos a una proteína, la albúmina, ya que libres resultan tóxicos para el organismo.

• En circunstancias especiales, la fibra muscular puede obtener ATP a partir de algunos **aminoácidos**, principalmente de la alanina, la glutamina y los aminoácidos de cadena ramificada: leucina, isoleucina y valina. Además de estos puede utilizar también cetoácidos, ácido láctico y glicerol.

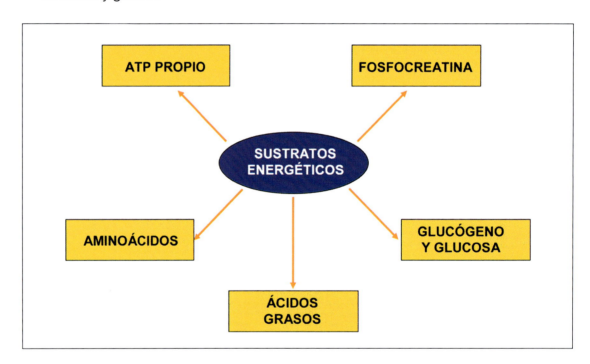

Figura 8.2. *Principales sustratos energéticos.*

8.1.5. Obtención de energía por el organismo

La obtención de energía se lleva a cabo a través del proceso denominado **catabolismo**. Los nutrientes (glúcidos, grasas y proteínas) se degradan dando lugar a productos más sencillos como el ácido láctico, CO_2 (dióxido de carbono), NH_3 (amoniaco), etc. Durante este proceso se libera energía que se almacena en forma de ATP.

El organismo puede obtener energía a través de diferentes rutas:

• **Catabolismo de los hidratos de carbono**.

– **Glucólisis**: es la única vía por la que se produce ATP en ausencia de oxígeno. Se trata de la primera ruta metabólica para la obtención de energía y consiste en diez reacciones llevadas a cabo por enzimas. Durante el proceso, una molécula de **glucosa** se convierte en dos de **piruvato, 2 ATP** y **2 NADH** (nicotinamida adenina dinucleótido) **o NADH₂**. Estos últimos, posteriormente, cuando estemos en presencia de O_2 entrarán en una ruta denominada cadena respiratoria y producirán **6 ATP**.

– **Oxidación del piruvato:** en esta reacción el piruvato se transforma en **acetil-CoA**, a partir del cual se podrá seguir obteniendo energía.

- **Catabolismo de las grasas.**

  – **β-oxidación**: en este proceso los triglicéridos se degradan dando lugar a **ácidos grasos** y **glicerol**. Posteriormente, los ácidos grasos se transforman en **acetil-CoA** que, a través del ciclo de Krebs producirá NADH y $FADH_2$ (flavin adenina dinucleótido), que pasarán por la cadena respiratoria (fosforilización oxidativa), y producirán energía en forma de ATP.

- **Catabolismo de las proteínas:** mediante la acción de diversas enzimas las proteínas se rompen dando lugar a los **aminoácidos** que las constituyen. Estos aminoácidos se degradan de forma diferente cada uno de ellos hasta llegar por diferentes vías al ciclo de Krebs y la cadena respiratoria (fosforilización oxidativa), y producen así energía.

Las rutas vistas hasta ahora son los pasos iniciales de degradación de los nutrientes a moléculas más sencillas. Pero en algunos casos, las moléculas aquí formadas han de pasar por las dos siguientes etapas para obtener un mayor rendimiento en la generación de energía:

- **Ciclo de Krebs o de los ácidos tricarboxílicos**: el acetil-CoA se oxida produciendo dos moléculas de **CO_2**. Además, se producen **2 NADH y 2 FADH₂** que crearán ATP a través de la cadena respiratoria.

- **Cadena respiratoria o cadena transportadora de electrones o fosforilización oxidativa:** los electrones acumulados en moléculas como el **NADH**, **NADH₂** y **FADH₂** van pasando por una serie de transportadores (proteínas de la membrana de la mitocondria) y van liberando de esta forma energía que se utilizará para la unión de ADP y P que forman **ATP**.

La cadena respiratoria se lleva a cabo en **presencia de oxígeno** ya que es el último aceptor de electrones de la cadena transportadora de electrones.

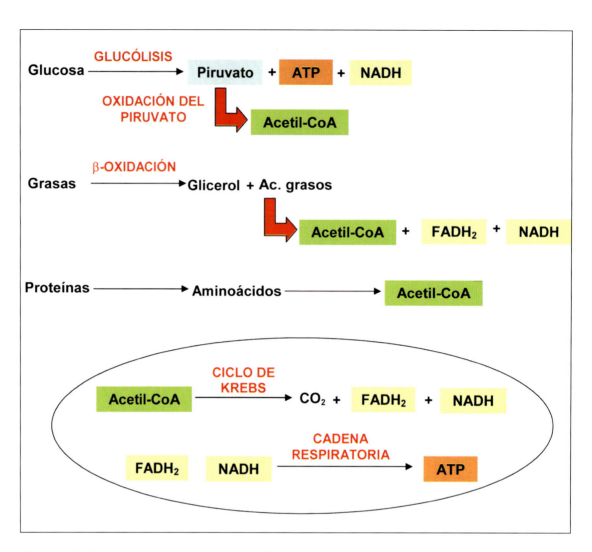

Figura 8.3. *Esquemas de las reacciones de obtención de energía. Para facilitar la comprensión, se ha simplificado la degradación de aminoácidos como acetil-CoA.*

A modo de ejemplo, y para facilitar la comprensión de estos conceptos, diremos que:

• Una molécula de glucosa genera, mediante la vía anaeróbica, 2 moléculas de ATP.

• Una molécula de glucosa genera, mediante la vía aeróbica, 36 ATP netos, 38 si es el glucógeno.

• Una molécula de un ácido graso de cadena larga, como es el ácido palmítico, genera 129 moléculas de ATP.

8.2. FORMACIÓN DE ESTRUCTURAS

La formación de estructuras recibe el nombre de **anabolismo**. También se conoce con el nombre de **biosíntesis** y consiste en la formación de moléculas complejas como lípidos, polisacáridos, proteínas y ácidos nucleicos, a partir de precursores más pequeños y sencillos. Para simplificar, se describen a continuación de una forma muy simple exclusivamente la síntesis de glucosa y de glucógeno.

Gluconeogénesis

La gluconeogénesis es la ruta por la que se sintetiza glucosa a partir de sustratos no glucídicos. Se trata de una vía de vital importancia puesto que hay partes de nuestro organismo que dependen totalmente del aporte de glucosa, como el cerebro, los eritrocitos (células de la sangre), etc.

Los sustratos a partir de los cuales se puede sintetizar glucosa son los siguientes:

- **Lactato.**
- **Piruvato.**
- **Glicerol.**
- **Aminoácidos glucogénicos**: alanina, serina, treonina, cisteína, glicina, prolina, histidina, glutamato, glutamina, arginina, valina, isoleucina, metionina, tirosina, fenilalanina, asparagina y aspartato. El que más importancia tiene de todos ellos en la práctica deportiva por las consecuencias que puede tener sobre la salud es la glutamina, como se explica en el capítulo dedicado a ayudas ergogénicas nutricionales.

Esta ruta metabólica se lleva a cabo, fundamentalmente, en el hígado.

Glucogenogénesis

La glucogenogénesis es la síntesis de glucógeno a partir de glucosa. Se produce fundamentalmente en el hígado y en los músculos. En el hígado el glucógeno es una fuente para la obtención inmediata de glucosa que pasará a la sangre. En los músculos, el glucógeno se utiliza para obtener energía, y así llevar a cabo la contracción muscular a través de la glucólisis.

PRINCIPIOS BÁSICOS DE
NUTRICIÓN DEPORTIVA

Desde los albores de la humanidad, una de las preocupaciones básicas del hombre, quizá en aquella era la más importante, fue alimentarse, conseguir la comida necesaria.

Debió llegar un momento en el que pudo comenzar a relacionar los alimentos que ingería con su poder físico, bien de fuerza o de resistencia.

Las primeras referencias escritas conocidas que relacionan el rendimiento deportivo con el tipo de dieta consumida se encuentran en escritos de la antigua Grecia. Allí se comentan las diferentes formas de alimentarse de los atletas que participaban en aquellos primeros juegos olímpicos, donde incluían también ciertas «pócimas» secretas, a modo de lo que hoy podríamos conocer como **«ayudas ergogénicas».**

Se dice que Milón de Cretona, campeón olímpico de lucha y discípulo de Pitágoras, tomaba diariamente 20 libras de carne, otras tantas de pan y 15 litros de vino, lo cual no deja de parecer una desvirtuación exagerada para engrandecer todavía más a un campeón.

Fue esa una época caracterizada por la búsqueda de récords a través del consumo abundante de carne, utilizando la más adecuada para cada especialidad. Así la carne de cabra era la idónea para los saltadores, la de toro para los corredores y la de cerdo para los luchadores y más tarde para los gladiadores romanos.

Estos conocimientos y prácticas fueron posteriormente utilizados por los entrenadores de los gladiadores en la antigua Roma. En estos casos el llevar una alimentación adecuada era más importante aún si cabe, puesto que alcanzar un alto rendimiento físico comportaba salvar la propia vida.

Tras la caída del Imperio Romano, todos estos conocimientos se olvidaron y sólo ha sido a finales del siglo XIX y principios del XX cuando el hombre ha comenzado a relacionar, primero de una forma totalmente empírica y luego, como consecuencia de la investigación científica, la alimentación y nutrición con el rendimiento físico. Así pues, las investigaciones dirigidas a

demostrar la relación existente entre la alimentación y nutrición y el rendimiento físico sólo tienen algo más de un siglo de historia.

Ya bien entrado el siglo XX, se realizaron trabajos que informaban sobre la relación existente entre el rendimiento deportivo y la dieta, estableciéndose que el consumo de dietas altas en carbohidratos antes, y la ingestión de glucosa durante el transcurso de ejercicios prolongados de intensidad moderada, retrasaban la aparición de la fatiga y mejoraban el rendimiento en parte por la prevención de la hipoglucemia. En aquella época se demostró que en los corredores de maratón existía una estrecha relación entre los niveles de glucemia y el grado de fatiga tras la finalización de la prueba. Ya se sugirió entonces que la administración de hidratos de carbono antes y durante el ejercicio sería beneficiosa para que no decayera el rendimiento.

También en aquellos años se demostró de qué forma contribuían la oxidación (transformación de sustratos o nutrientes en energía) de las grasas y de los hidratos de carbono al metabolismo energético en función de la intensidad del ejercicio realizado. Cuanto más alta es la intensidad de ese ejercicio, mayor es la importancia que adquiere el contenido en carbohidratos de la dieta, mientras que a intensidades bajas, la mayor parte del gasto energético proviene de la oxidación de las grasas.

En estas tres últimas décadas, gran parte de las investigaciones se han dirigido hacia la obtención de técnicas que pudieran aumentar las reservas orgánicas de glucógeno con la ingesta de carbohidratos, tanto antes como durante el ejercicio.

Por lo tanto, queda sobradamente demostrado que hay **una relación directa y totalmente incuestionable entre la alimentación y el rendimiento físico**. Tanto es así que sobre todo en el deporte de alta competición, donde los deportistas entrenan con unos volúmenes e intensidades que muchas veces rozan los límites humanos, la alimentación deportiva se ha convertido en una cuestión realmente importante. Tan importante, que se la conoce como «**el entrenamiento invisible**».

9.1. FUNDAMENTOS Y FINES

Hablar de alimentación y nutrición en el deporte implica adaptar los principios básicos de la alimentación y nutrición humana a las necesidades energéticas y de micronutrientes que conlleva la práctica deportiva.

Dependiendo de las características del trabajo físico realizado, pueden surgir requerimientos nutricionales especiales. Teniendo, pues, en cuenta estas características, fundamentalmente la intensidad, duración o frecuencia del ejercicio y el requerimiento energético de éste, existen ciertas estrategias nutricionales que se escapan de las recomendaciones específicas de la población general y que resultan beneficiosas en determinados casos. Dichas estrategias se conocen con el nombre de **ayudas ergogénicas nutricionales** y están siendo ampliamente investigadas desde hace treinta años.

Desde el punto de vista nutricional, la primera y más clara diferencia entre una persona que practica deporte y una que no lo hace, esto es, entre un deportista y un individuo sedentario, es el gasto energético diario de la primera con respecto a la segunda.

El gasto energético total de una persona adulta sedentaria puede oscilar entre las **1.825 y 2.580 kcal por día, dependiendo del peso, edad, sexo, etc.**

La actividad física realizada durante una hora de entrenamiento o competición puede suponer un gasto energético de 430-860 kcal, dependiendo, evidentemente de la condición física de quien la realiza (los individuos bien entrenados gastan menos energía para realizar el mismo trabajo que los no entrenados), y el tipo, duración e intensidad del ejercicio.

Volviendo al ejemplo anterior de la carrera de maratón, ésta puede suponer un gasto energético de 2.150-2.580 kcal. Dependiendo de la marca realizada, esta carrera puede ocasionar un gasto energético de 688 kcal por hora en un corredor recreacional o de 1.355 kcal por

hora en un atleta de élite. En otro deporte de larga duración, como es el ciclismo de carretera, el gasto energético realizado en una etapa de una carrera ciclista profesional como puede ser el Tour de Francia, oscila entre 5.800 y 8.600 kcal por día.

Estos gastos energéticos tan elevados implican a su vez unos elevados requerimientos energéticos diarios y, por tanto, la necesidad de aumentar la ingesta de alimentos. Sin embargo, la ingesta de cantidades tan grandes de alimentos sólidos puede acarrear problemas durante los días de competición o entrenamiento intenso por dos motivos: uno, la propia dificultad de ingerir estas grandes cantidades y otro, el hecho que los procesos de digestión y absorción se ven alterados durante la actividad física intensa.

Existen también los casos opuestos, como la gimnasia femenina o el ballet clásico, que se caracterizan por la necesidad de controlar el peso total y de mantener bajos porcentajes de grasa corporal. Para conseguir esto, las practicantes de los citados deportes se ven sometidas a frecuentes restricciones en la ingesta calórica, no siendo infrecuentes los desórdenes nutricionales. En estos casos, la cantidad de carbohidratos ingerida puede ser menor que la utilizada durante la actividad física y, además, pueden asociarse otros déficits de nutrientes, como proteínas, vitaminas, hierro, zinc, calcio, magnesio, etc. Éste adquiere una importancia fundamental, ya que la inmensa mayoría de sus practicantes son chicas jóvenes aún en edad de crecimiento.

Tanto en el primer caso, como en el segundo, el uso de ciertos suplementos nutricionales ayudan a solucionar estos problemas.

Debemos tener también en cuenta el tipo de sustrato energético que se suministra al músculo. Como se ha expuesto anteriormente, la potencia y capacidad metabólica dependen en gran medida de este punto, ya que los músculos obtienen el máximo rendimiento energético cuando oxidan carbohidratos (glucógeno y/o glucosa). Por tanto, la dieta del deportista no solamente debe contemplar la ingesta calórica total, sino también la cantidad y proporción de nutrientes o sustratos energéticos que se le proporcionan al organismo, especialmente carbohidratos, grasas y proteínas. Por lo tanto, la alimentación del deportista debe basarse en una dieta equilibrada, tanto cualitativa como cuantitativamente. Debe ajustarse la cantidad total de calorías a ingerir y también su procedencia. La cantidad total de calorías vendrá dada a partir del cálculo de los requerimientos energéticos diarios, en tanto que su distribución porcentual no va a diferir sustancialmente del de la población en general, lo cual quiere decir que el **55-65% de las calorías totales diarias deben proceder de la ingesta de carbohidratos, el 25-35% de las grasas y el 10-15% de las proteínas.**

Por supuesto, esta dieta debe ser variada y contener varios alimentos de todos los grupos alimentarios:

1. Leche y derivados.

2. Verduras y hortalizas.

3. Frutas.

4. Cereales, derivados y legumbres.

5. Carne, pescado, huevos y proteínas.

6. Grasas.

Ya se ha expuesto anteriormente que la cantidad de carbohidratos, grasas y proteínas que contenga una determinada cantidad de alimento definirá su valor energético.

Una vez que estos alimentos ingeridos hayan sido digeridos y sus nutrientes absorbidos, dependiendo de las necesidades del momento, las células se encargarán de almacenarlos o bien de transformarlos en energía química (ATP). Posteriormente, esta energía química se transformará en energía mecánica, eléctrica, térmica, etc., con lo que quedarán preservadas todas las funciones vitales del organismo.

9.2. METABOLISMO ENERGÉTICO MUSCULAR

En este apartado se describen, de una forma simple, las diferentes vías metabólicas mediante las cuales nuestro organismo obtiene la energía necesaria.

Aunque son conceptos más bien relacionados con la fisiología que con la nutrición, es muy importante conocerlos para poder aplicar perfectamente, en cada caso, los principios de nutrición deportiva expuestos en este libro.

9.2.1. Principales rutas metabólicas energéticas

9.2.1.1. Vía aeróbica

Esta vía metabólica tiene lugar en presencia de oxígeno y utiliza fundamentalmente como sustratos energéticos el glucógeno (previamente degradado a glucosa), la glucosa y los ácidos grasos, pero puede utilizar también ciertos aminoácidos, cuerpos cetónicos, ácido láctico y glicerol.

Por una parte, la glucosa procedente de la degradación del glucógeno o de la sangre circulante se oxidará hasta piruvato a través de las reacciones químicas de la **glucólisis**. Posteriormente, este piruvato se convertirá en acetil-Coenzima A (acetil-CoA).

Por otro lado, los ácidos grasos también procedentes de la sangre circulante o de la propia fibra muscular, mediante un proceso oxidativo llamado **beta-oxidación**, se transformarán en acil-CoA (ácido graso unido a la Coenzima A). Para que puedan seguir su proceso de transformación en energía deben penetrar al interior de la **mitocondria**, para ello necesitan unirse a la **L-carnitina**, que actúa como un autobús transportador. Allí, se transformarán en acetil-CoA.

Algunos aminoácidos, cetoácidos y glicerol, dentro de las propias fibras musculares pueden sufrir un proceso directo de oxidación hasta acetil-CoA si las circunstancias metabólicas del momento lo requieren, o bien transformarse en glucosa, que será almacenada en forma de glucógeno. Este proceso, llamado **gluconeogénesis o neoglucogénesis**, solamente puede darse en el hígado y en el riñón, pero no en el músculo esquelético, ya que éste carece de las enzimas necesarias para ello.

Dentro de las mitocondrias, el acetil-CoA formado a partir de los diferentes sustratos energéticos antes mencionados, sufre un proceso de oxidación a través del **ciclo de Krebs**, conocido también como **ciclo del ácido cítrico o ciclo de los ácidos tricarboxílicos**. En el transcurso de estas reacciones se van liberando hidrogeniones (H^+) y anhídrido carbónico (CO_2). Los hidrogeniones penetran en otro ciclo metabólico denominado **fosforilización oxidativa, cadena de transporte de electrones o cadena de los citocromos**, en donde finalmente se unirán al oxígeno para formar agua (H_2O). Durante el paso de los hidrogeniones por esta cadena de reacciones, conocida más extensamente por el nombre de **cadena respiratoria**, se va fosforilando el ADP para convertirse en ATP.

Así pues, los productos finales de la oxidación de los diferentes sustratos energéticos a través del ciclo de Krebs y la fosforilización oxidativa son dióxido de carbono (CO_2), agua (H_2O) y adenosin trifosfato (ATP).

El CO_2 que no eliminamos mediante la respiración será reutilizado para la síntesis de bicarbonato, necesario para la neutralización de las cargas ácidas producidas por el metabolismo anaeróbico.

El H_2O producido ayudará a rehidratar el organismo, a mantener el volumen plasmático y a compensar la pérdida de líquidos a través del sudor para eliminar el exceso de calor producido como consecuencia directa del aumento de la actividad metabólica.

El ATP será utilizado para la conversión de energía química en energía mecánica, como se ha comentado anteriormente.

La obtención de ATP a través del ciclo de Krebs y de la fosforilización oxidativa es un proceso lento, pues requiere muchas reacciones químicas intermediarias, cada una de las cuales está catalizada por una enzima diferente. En consecuencia, se produce poca energía por unidad de tiempo; sin embargo, la cantidad total de energía obtenida a partir de la oxidación de un mol de cualquier sustrato energético es muy alta en comparación con el resto de vías metabólicas.

Como consecuencia de la hidrólisis de un mol de fosfocreatina se resintetiza 1 ATP. La oxidación de un mol de glucosa por vía anaeróbica produce 2 moles de ATP. La oxidación de un mol de glucosa por vía aeróbica producirá 36 moles de ATP netos (cada molécula de glucosa se convertirá en 36 moléculas de ATP). Serán 37 moles de ATP si en lugar de oxidarse la glucosa es el glucógeno quien lo hace. Finalmente, la oxidación de un mol de ácido palmítico (ácido graso) proporcionará 129 ATP.

Otras ventajas de la vía aeróbica son:

- Que no existe limitación en cuanto a la disponibilidad de sustratos energéticos, ya que los depósitos de grasa son prácticamente ilimitados.

- Que no produce catabolitos que tiendan a alterar el equilibrio interno como ocurre en la glucólisis anaeróbica, donde el ácido láctico producido tiende a disminuir el pH intracelular y plasmático, y a instaurar una acidosis metabólica. Por tanto, es una vía energética que se puede utilizar durante horas.

Por ser una vía que utiliza el oxígeno se la llama vía aeróbica.

La vía aeróbica es la que utiliza el organismo cuando el esfuerzo no es de gran intensidad, aunque sí de mayor duración, como las carreras de larga distancia en atletismo o las sesiones de entrenamiento en las distintas modalidades del fitness.

De una forma muy simple, ya que este manual trata fundamentalmente de aspectos relacionados con la nutrición, se puede decir que en el músculo existen fundamentalmente dos tipos de fibras:

- **Fibras tipo I**, también conocidas como fibras lentas, fibras rojas o ST, que tienen una gran capacidad aeróbica por disponer de un elevado número de mitocondrias.

- **Fibras tipo II**, con una velocidad de contracción más rápida que las anteriores y por lo tanto, con un metabolismo más dependiente de los glúcidos (recordemos que son capaces de aportar más cantidad de energía por unidad de tiempo).

9.2.1.2. Vía anaeróbica

9.2.1.2.1. Aláctica

Al inicio de la contracción, la fibra muscular utiliza su propio ATP, el que tiene almacenado en su interior, que se transforma en ADP y fosfato. Ahora bien, esta cantidad es muy pequeña: aproximadamente 5 microgramos por kilo de músculo, por lo que en muy pocos segundos queda agotada y el músculo tiene la necesidad de resintetizarlo rápidamente. Para esto dispone de un sustrato que es la fosfocreatina, de la que se obtiene energía de forma inmediata.

La fosfocreatina se hidroliza (rompe) obteniendo así un grupo fosfato, que se utiliza para transferirlo al ADP que procede a su vez, como ya se ha comentado anteriormente, de la hidrólisis del ATP.

$$ADP + Fosfato \rightarrow ATP$$

De esta forma se puede obtener una gran cantidad de energía por unidad de tiempo, pero también los depósitos de fosfocreatina son limitados, aproximadamente 17 microgramos por kilo de músculo, por lo tanto, su agotamiento también será cuestión de segundos.

La enzima involucrada en esta reacción es la creatinquiinasa o creatinfosfoquinasa, cuyas siglas son CPK, muy conocidas por los deportistas.

En este proceso no interviene el oxígeno y tampoco se forma ácido láctico, por lo que se denomina **vía anaeróbica aláctica**.

9.2.1.2.2. Láctica

El único sustrato que se puede utilizar en esta vía metabólica son los **hidratos de carbono: glucosa y glucógeno**. La glucosa se utiliza como tal, mientras que el glucógeno debe convertirse primero en glucosa para poder ser utilizado.

El producto final de esta vía es el **ácido láctico**, que genera a su vez dos moles de ATP, de tal forma que un mol de glucosa se convierte en dos moles de ácido láctico. Para simplificar, podemos decir que cada molécula de glucosa se transforma en dos moléculas de ATP.

De esta manera también se produce una cantidad muy elevada de energía (ATP) por unidad de tiempo, pero no tanta como en la vía anaeróbica aláctica, pues su rendimiento energético es muy pobre (solamente se obtienen dos moles de ATP por cada mol de glucosa utilizado).

Esta forma de obtención de energía tiene dos factores limitantes:

Por una parte, el ácido láctico produce una acidificación del medio, que el organismo trata de neutralizar y eliminar para mantener el equilibrio ácido-base, de tal forma que si la demanda de energía es muy elevada por unidad de tiempo, las cargas ácidas producidas se acumularán en el propio músculo y elevarán la acidez del medio (bajará el pH), lo cual altera los mecanismos de contracción muscular y hace que el ejercicio no se pueda mantener durante mucho tiempo a esa intensidad.

Por otra, los depósitos de glucógeno del organismo son también limitados (aproximadamente 300 gramos), por lo tanto, puede llegar a agotarse en esfuerzos de larga duración.

Todo ello hace que esta ruta pueda funcionar a pleno rendimiento durante pocos minutos.

También el ácido láctico producido en la glucólisis anaeróbica es transportado por la sangre hasta el hígado, donde se transformará en glucosa que posteriormente podrá viajar hasta el músculo y almacenarse en forma de glucógeno. Todo este proceso de transformación del ácido láctico en glucógeno se conoce como **ciclo de Cori.**

Por ser una vía metabólica que no utiliza el oxígeno y que produce ácido láctico se le llama **vía anaeróbica láctica.**

El ejemplo clásico que se pone para explicar este conjunto de mecanismos son las carreras de velocidad y velocidad mantenida en atletismo. Veamos unos ejemplos explicativos:

Durante una carrera de 60 metros lisos, en pista cubierta, el atleta bien entrenado consume todo el ATP almacenado en los músculos de sus piernas y un poco de fosfocreatina.

Si la carrera es de 100 metros lisos, consume, además del ATP, una gran cantidad de fosfocreatina.

Son las dos carreras que requieren un esfuerzo "explosivo", esto es, necesitan que los músculos obtengan la máxima energía por unidad de tiempo, ya que el atleta realiza un esfuerzo al 100% de su capacidad.

Si la carrera es de 200 metros, el atleta agota, además de las reservas musculares de ATP, las de fosfocreatina y comienza a utilizar la vía anaeróbica láctica, es decir, la conversión de glucosa en ácido láctico. Ahora bien, la acidificación de las fibras musculares debida a la cantidad de ácido láctico acumulado durante tan poco espacio de tiempo, en un atleta muy bien entrenado no llega a ser un factor limitante de su capacidad de obtención de energía hasta los últimos metros.

En cambio, si la carrera es de 400 metros lisos, las cosas cambian por completo. Veamos una secuencia muy esquematizada de esa prueba desde el punto de vista metabólico:

Durante los primeros segundos de la prueba, el atleta agota sus reservas de ATP, con lo que sigue obteniendo energía mediante la conversión de fosfocreatina en creatina. Pero estas reservas también se agotan en pocos segundos y allí, como la exigencia energética por unidad de tiempo sigue siendo muy elevada, comienza la glucólisis anaeróbica, hasta que llega un momento en que la propia fibra muscular es incapaz de eliminar las cargas ácidas producidas por la acumulación de ácido láctico habida en su interior. Es entonces cuando comienza a descender el pH (a acidificarse el interior de la fibra muscular). Como las enzimas que proveen energía solamente son capaces de actuar en unas condiciones de pH determinadas, comienzan a disminuir su rendimiento y por ello, la cantidad de energía que producen es cada vez menor, por lo que el atleta, al no disponer de la energía necesaria, no puede mantener una velocidad tan elevada y llega a la meta en unas condiciones de gran agotamiento.

Aunque esto sea una forma muy simplificada y esquematizada de explicar las implicaciones de cada sustrato energético y sus consecuencias en los ejercicios de corta duración y gran intensidad de esfuerzo, facilitará al lector del presente manual su comprensión.

9.2.1.3. Oxidación de los ácidos grasos

Los ácidos grasos que están almacenados en los tejidos pueden ser utilizados por las células para la obtención de energía. Los tejidos que más utilizan esta fuente para la obtención de energía son el músculo cardíaco y el esquelético.

Los ácidos grasos se van descomponiendo de dos en dos carbonos hasta producir acetil-CoA. Este acetil-CoA entrará en el ciclo de Krebs, como vimos anteriormente, y esto dará lugar a la producción de energía en forma de ATP.

El importante papel que desempeña la L-carnitina en esta ruta metabólica se describe en el capítulo dedicado a ayudas ergogénicas.

La cantidad de energía generada dependerá del ácido graso que se degrade. Por ejemplo, una molécula de palmitoil-CoA (proveniente del ácido palmítico) rendirá 131 moléculas de ATP, pero como dos se necesitan para su activación, el rendimiento neto final será de 129 ATP.

9.2.1.4. Oxidación de las proteínas

Para que las proteínas puedan producir energía, los aminoácidos tienen que convertirse en acetil-CoA para, de este modo, entrar en el ciclo de Krebs y la cadena respiratoria.

Pero no todos los aminoácidos siguen la misma ruta hasta llegar a acetil-CoA. Algunos, después de su degradación, dan directamente acetil-CoA pero otros darán piruvato, acetoacetil-CoA o sustratos intermedios del ciclo de Krebs. Un mismo aminoácido puede dar lugar a dos de los compuestos mencionados anteriormente.

A continuación se exponen algunos ejemplos exclusivamente a título informativo, donde se ilustra como algunos aminoácidos pueden seguir diferentes vías metabólicas:

La **isoleucina**, la **leucina** y el **triptófano** se convierten directamente en acetil-CoA.

La **alanina**, la **cisteína**, la **glicina**, la **serina** y el **triptófano** acaban en piruvato que, posteriormente se tendrá que convertir en acetil-CoA.

La **leucina**, la **lisina**, la **fenilalanina**, el **triptófano** y la **tirosina** dan acetoacetil-CoA que pasará a acetil-CoA por otra ruta.

La **asparagina** y el **aspartato** dan oxalacetato, que es uno de los intermediarios del ciclo de Krebs.

La **fenilalanina** y la **tirosina** pueden degradarse hasta fumarato, otro de los intermediarios del ciclo de Krebs.

La **isoleucina**, la **metionina**, la **treonina** y la **valina** se convierten en succinil-CoA, también intermediario del ciclo de Krebs.

La **arginina**, **glutamina**, **histidina** y **prolina** tienen que pasar a glutamato que, posteriormente, dará cetoglutarato, otro de los intermediarios.

Estas rutas aportan sólo un 10-15% de la energía que utilizamos y por lo tanto son mucho menos activas que la glucólisis o la oxidación de los ácidos grasos.

9.2.2. Concepto de cociente respiratorio

Además del consumo de oxígeno ($\dot{V}O_2$) es importante cuantificar la producción de **anhídrido carbónico ($\dot{V}CO_2$)**, pues la relación entre el $\dot{V}CO_2$ / $\dot{V}O_2$ proporcionará información sobre:

- El tipo de sustrato utilizado para la obtención de energía.

- El tipo de metabolismo llevado a cabo.

Dicha relación se conoce con el nombre de **cociente respiratorio (R).**

- Un cociente respiratorio de **0,7** indica que se están oxidando ácidos grasos por vía aeróbica.

- Un cociente respiratorio **igual a 1** indica que se están oxidando hidratos de carbono por vía aeróbica.

- Un cociente respiratorio **mayor de 1** indica que a la oxidación aeróbica de los hidratos de carbono se une un importante componente anaeróbico, ya que al CO_2 formado como consecuencia del metabolismo aeróbico se une el CO_2 originado como consecuencia del tamponamiento (neutralización) del ácido láctico, creado durante la glucólisis anaeróbica.

Se debe tener en cuenta que parte del CO_2 producido por las células es reutilizado para sintetizar bicarbonato que ayuda a neutralizar las cargas ácidas producidas en el metabolismo anaeróbico, por lo tanto, dependiendo del tipo de esfuerzo que se esté realizando, no todo el CO_2 producido será eliminado por la respiración.

9.2.3. Concepto de consumo de oxígeno:

El consumo de oxígeno se representa por $\dot{V}O_2$ y expresa la cantidad de oxígeno que el organismo utiliza para obtener la energía necesaria cuando realiza un trabajo físico determinado.

Su determinación y cuantificación permite medir indirectamente la energía producida por vía aeróbica. Por ello podemos decir que es, de alguna manera, el parámetro más representativo de la resistencia aeróbica.

Recordemos que:

$$\text{Sustrato energético} + O_2 + \text{ADP} \rightarrow CO_2 + H_2O + \text{ATP} + \text{calor}$$

El $\dot{V}O_2$ puede expresarse en términos de **cantidad (litros o mililitros) o de flujo (litros/minuto o mililitros/minuto)**, aunque es preferible esta segunda expresión, ya que indica con mayor claridad el concepto que se quiere expresar. También puede expresarse en términos relativos al **peso corporal del individuo (mililitros/kg/minuto)**.

Por último, también puede expresarse como **múltiplo de la tasa metabólica basal** (MET = 3,5 ml/kg/min). Dependiendo de la modalidad deportiva de que se trate, se preferirá una u otra forma de expresarlo.

La **tasa metabólica basal** es el oxígeno que consume una persona en situación de **reposo absoluto**. Se ha calculado que corresponde aproximadamente a 3,5 mililitros de oxígeno por kilogramo de peso total y por minuto y éste es el valor que equivale a **1 MET** o unidad metabólica.

9.2.3.1. Factores de los que depende

Existen una serie de factores que condicionan la capacidad de los músculos para utilizar el oxígeno. Estos son:

- **Características del esfuerzo.** La magnitud del $\dot{V}O_2$ está en relación directa con: **intensidad, duración, velocidad de ejecución y cantidad de masa muscular implicada en el esfuerzo**.

- **Condicionantes mecánicos.** El trabajo realizado en buenas condiciones ergonómicas implica un menor gasto energético y, en consecuencia, un menor $\dot{V}O_2$; de ahí la importancia del conocimiento y adecuada ejecución biomecánica del gesto deportivo.

- **Nivel del entrenamiento.** El entrenamiento implica un mayor grado de coordinación de los grupos musculares y la mejora de la técnica de ejecución del gesto deportivo, factores que rebajan el coste energético y, consecuentemente, el $\dot{V}O_2$.

- **Factores climáticos y ambientales.** El ejercicio efectuado en condiciones desfavorables de temperatura, humedad, viento o con alto nivel de contaminación atmosférica requiere un $\dot{V}O_2$ superior.

9.2.3.2. Consumo máximo de oxígeno

Conforme va aumentando la intensidad del esfuerzo realizado, aumenta también a la vez el $\dot{V}O_2$. Sin embargo, llegará un momento en que aunque incrementamos la intensidad del trabajo el $\dot{V}O_2$ ya no aumentará más, y se establecerá una meseta en el mismo. A este valor de $\dot{V}O_2$ se le denomina **consumo máximo de oxígeno ($\dot{V}O_2$ máx)** y expresa el potencial aeróbico del individuo.

El $\dot{V}O_2$ máximo debe diferenciarse del **pico de $\dot{V}O_2$**, que expresa el máximo consumo de O_2 alcanzado durante un esfuerzo pero sin que se haya instaurado la meseta.

Los valores de $\dot{V}O_2$ máx dependen de una serie de factores:

- **Constitución genética.** Es un factor decisivo, hasta tal punto que se estima que la influencia del entrenamiento no puede aumentar más allá del 20-40% los valores de $\dot{V}O_2$ máx predeterminados.

- **Masa muscular en movimiento.** El $\dot{V}O_2$ máx alcanzable está en relación directa con la cantidad de masa muscular en movimiento. Por tanto, el $\dot{V}O_2$ máx real de un deportista sólo podría conocerse si todos y cada uno de los músculos del organismo estuviera trabajando al máximo de su potencial aeróbico. De aquí se deduce la importancia de los grupos musculares puestos en movimiento y de imitar al máximo los gestos deportivos específicos durante la realización de las pruebas de esfuerzo realizadas justamente para medir este parámetro.

- **Edad.** Las cifras máximas de $\dot{V}O_2$ máx suelen alcanzarse entre los 20-30 años. A partir de esa edad los valores van disminuyendo progresivamente, si bien la caída es menor en el individuo que continúa su entrenamiento aeróbico.

- **Sexo.** En mujeres adultas, los valores de $\dot{V}O_2$ máx son inferiores a los de los varones de su mismo grupo y condición, en porcentajes que varían entre un 10 y 30%. La diferencia es menor cuando los valores se expresan en términos relativos, y disminuyen aún más si se expresan como ml O_2/kg de masa magra o muscular, siendo casi inexistentes esas diferencias en edades infantiles.

- **Motivación.** La motivación puede suponer diferencias de hasta un 10% en los valores de $\dot{V}O_2$ máx alcanzables. De ahí la importancia de una correcta mentalización para lograr rendimientos mayores. En este factor también incide directamente el entrenador.

- **Entrenamiento.** Aunque los valores de $\dot{V}O_2$ máx mejoran con el entrenamiento, los incrementos registrados no son espectaculares, y se estima que la influencia del entrenamiento sobre los valores predeterminados no es superior al 20-40%.

9.2.4. Concepto de eficiencia energética

La determinación del $\dot{V}O_2$ sólo tiene un valor relativo si no medimos simultáneamente la transformación de la energía química en energía mecánica. De aquí surge el concepto de «eficiencia energética» (EE), que expresa la cantidad de trabajo realizado por mililitro de O_2 consumido:

Cuanto mayor sea dicha relación, mayor será el rendimiento mecánico que el deportista obtiene del consumo energético.

Una eficiencia energética alta es expresión de un alto nivel de entrenamiento, puesto que con él se mejora la llamada «técnica deportiva».

Dicho de una forma más sencilla: cuanto mejor sea el entrenamiento del individuo, menos oxígeno necesitará para realizar el mismo trabajo. Por ello, si comparamos a dos deportistas, uno muy bien entrenado y otro con un nivel más bajo de entrenamiento, el primero consumirá menos oxígeno para realizar el mismo trabajo que el segundo, por lo tanto su rendimiento será mayor.

9.2.5. Umbral aeróbico

La intensidad con la que se lleve a cabo cualquier tipo de trabajo físico determinará la cantidad de energía necesaria por unidad de tiempo para su realización.

Si esa intensidad va en aumento, llegará un momento en que la cantidad de energía producida por unidad de tiempo obtenida por el metabolismo aeróbico será insuficiente para satisfacer las necesidades del momento. Será entonces cuando el músculo tendrá que recurrir a la glucólisis anaeróbica, con la consiguiente producción de ácido láctico.

Ello supone la aparición de cargas ácidas que deberán ser neutralizadas.

El punto en el cual el metabolismo aeróbico se hace insuficiente para satisfacer las demandas energéticas del músculo y, en consecuencia, es necesario recurrir a las fuentes anaeróbicas adicionales de suministro energético recibe el nombre de **umbral aeróbico**.

Este concepto trae como consecuencia dos hechos:

- El aumento de producción de ácido láctico.

- La necesidad de neutralizar las cargas ácidas del ácido láctico.

Durante el ejercicio físico, el organismo utiliza fundamentalmente el sistema del bicarbonato como medio para neutralizar las cargas ácidas producidas por la formación de ácido láctico.

Nada más formarse el ácido láctico, se amortigua con el bicarbonato sódico, y se forman lactato sódico y ácido carbónico, que se disocia (descompone) rápidamente en anhídrido carbónico (CO_2) y agua (H_2O). El agua la utiliza el organismo para rehidratarse, mientras que el CO_2 que no es utilizado para resintetizar bicarbonato es eliminado a través de la ventilación.

Queda claro que la puesta en marcha del metabolismo anaeróbico no implica la paralización del metabolismo aeróbico, ya que éste sigue funcionando, sino que ambas vías metabólicas están simultáneamente en funcionamiento.

Así pues, al CO_2 formado como consecuencia del ciclo de Krebs y de la fosforilización oxidativa se une el CO_2 formado como consecuencia del taponamiento del ácido láctico por el bicarbonato, por lo que el «cociente respiratorio» es mayor de uno (R > 1).

9.2.6. Umbral anaeróbico

Si la intensidad del trabajo sigue aumentando, llegará un momento en que la producción de cargas ácidas será tan alta que el organismo será incapaz de neutralizarlas y eliminarlas, con lo cual irán acumulándose e instaurando progresivamente una acidosis metabólica que acabará por inactivar las enzimas que intervienen en el metabolismo energético muscular, y aparecerá la fatiga y el cese de las contracciones musculares.

Denominamos **umbral anaeróbico** al punto en el que la producción de cargas ácidas es ya tan elevada que el organismo es incapaz de neutralizarlas y eliminarlas.

9.2.7. Zona de transición aero-anaeróbica

Entre el umbral aeróbico y anaeróbico existe una zona, llamada **zona de transición aero-anaeróbica**, en la que el organismo, aunque tiene necesidad de recurrir a la glucólisis anaeróbica para satisfacer las necesidades energéticas del momento, es capaz, sin embargo, de neutralizar las cargas ácidas producidas, e impedir así que se instaure la acidosis metabólica.

El conocimiento de esta zona es de importancia fundamental para la prescripción de las intensidades óptimas de entrenamiento de las diferentes modalidades metabólicas de la resistencia.

Para que no haya ningún tipo de error en la determinación de los umbrales, se debe recurrir a la realización de una prueba de esfuerzo con análisis de gases expirados mediante un aparato llamado ergoespirómetro y una monitorización cardíaca continua del deportista mientras realiza la prueba. La determinación basada exclusivamente en la medición de las concentraciones de ácido láctico en sangre no es válida si no está referenciadas con una prueba de esfuerzo hecha anteriormente al deportista en la que también se hayan medido estas concentraciones.

Debido a los cambios que se producen en el organismo del deportista que está sometido a un programa científico de entrenamiento basado en pruebas de esfuerzo ergoespirométricas, éstas deben repetirse con un intervalo no superior a las 6-7 semanas para adaptar el entrenamiento a los nuevos umbrales obtenidos.

9.2.8. Potencia aeróbica

Es la máxima cantidad de energía que los músculos pueden obtener por vía aeróbica en la unidad de tiempo.

Viene expresada por el valor del $\dot{V}O_2$ máx (litros/min o ml/kg/min).

9.2.9. Capacidad aeróbica

Es la cantidad total de energía aportada preferentemente por las vías aeróbicas.

Indica el tiempo y la máxima intensidad de trabajo que el sujeto es capaz de realizar sin necesidad de recurrir de forma mayoritaria a vías anaeróbicas.

9.2.10. Potencia anaeróbica láctica

Es la máxima cantidad de energía que los músculos pueden obtener por vía anaeróbica láctica en la unidad de tiempo.

Viene expresada por la máxima concentración de lactato en sangre.

9.2.11. Capacidad anaeróbica láctica

Es la cantidad total de energía aportada preferentemente por la glucólisis anaeróbica.

Viene expresada por el tiempo que el sujeto es capaz de seguir trabajando una vez cruzado el umbral anaeróbico.

9.2.12. Potencia anaeróbica aláctica

Es la máxima cantidad de energía por unidad de tiempo que los músculos pueden obtener a partir del ATP y fosfocreatina almacenados en su interior.

Su determinación es indirecta a través de las pruebas de valoración funcional.

9.2.13. Capacidad anaeróbica aláctica

Es la cantidad total de energía que los músculos pueden obtener a partir del ATP y fosfocreatina almacenados en su interior.

Su determinación es indirecta a través de las pruebas de valoración funcional.

9.3. ALIMENTACIÓN PRECOMPETITIVA

La comida anterior a la competición deberá hacerse, como mínimo, dos o tres horas antes (dependiendo si es desayuno, comida o cena), para dar tiempo a que se complete la digestión.

Deberá ser hipercalórica, a costa de hidratos de carbono complejos que tengan un bajo índice glucémico. Se deben evitar los azúcares simples en los 45 minutos anteriores a la competición, pues pueden provocar un aumento brusco en los niveles de glucosa sanguínea (hiperglucemia), ello provoca una liberación suplementaria de insulina para disminuir esta elevada concentración de glucosa que conlleva a una situación de hipoglucemia transitoria, la cual no favorece en absoluto la realización de una actividad física.

Será pobre en grasas; recordemos que éstas retardan el proceso de vaciado gástrico, y baja en proteínas, porque también retrasan el proceso digestivo y además, los compuestos nitrogenados de su metabolismo favorecen la instauración de cierta acidosis metabólica, totalmente negativa para la práctica deportiva ya que durante los esfuerzos físicos intensos y/o prolongados se produce acidosis, no solamente por la formación de ácido láctico, sino también por el aumento de sustancias nitrogenadas, fundamentalmente de amonio.

a) Competición por la mañana:

El desayuno deberá hacerse como mínimo dos o tres horas antes de la competición, dependiendo de su contenido. Se aconseja no mezclar café con leche, ya que se forma un compuesto (tanato de caseína) que dificulta la digestión en algunas personas.

DESAYUNOS TIPO
A
Cereales sin azúcar (mejor utilizar el arroz, por su bajo índice glucémico, por ejemplo en forma de copos, tortitas o hervido), con leche o yogur desnatados.
Una tostada con una loncha de jamón de york, o un poco de queso o mantequilla (mejor aceite de oliva), o un poco de confitura de fruta
Una pieza de fruta.
Café o té al final.
B
Harinas de arroz o de cereales integrales (papillas para niños) preparadas con leche desnatada.
Zumo de frutas.
Huevo pasado por agua.
Yogur desnatado.
Una tostada con un poco de mantequilla o mejor aceite de oliva.
Café o té al final.
C
Leche o yogur desnatados.
Galletas integrales con fructosa.
Macedonia de frutas maduras.
Pan con aceite o mantequilla y requesón o mermelada.
Café o té al final.

b) Competición por la tarde o noche:

Aconsejamos realizar el desayuno habitual.

Si la competición es por la tarde la comida se tomará un mínimo de 3 horas antes.

COMIDA
Un plato rico en hidratos de carbono complejos: el ideal es arroz, aunque también podemos utilizar pasta, mejor integral (espaguetis, fideos, macarrones, etc.), arroz, cuidando que sea cocinado de manera sencilla y evitando los ingredientes grasos tipo chorizo, morcilla, manitas de cerdo, jamón graso, especias fuertes, etc.
150-200 gramos de carne poco grasa (pavo, pechuga de pollo o conejo) o de pescado blanco (lenguado, merluza, rape, etc.), y para acompañar verdura hervida o al vapor.
Ensalada vegetal.
Fruta madura.

9.4. ALIMENTACIÓN PERCOMPETITIVA

Son los alimentos que se toman mientras dura la competición.

Este tipo de dietas serán ricas en agua, sales minerales e hidratos de carbono con índice glu-cémico elevado, para reponer las pérdidas producidas durante el esfuerzo, y pobres en pro-teínas y grasas. Deben ser a la vez de fácil y rápida asimilación.

Si el esfuerzo es prolongado es aconsejable la toma de alguna bebida de reposición mejor ligeramente hipotónica, que aporte el agua y las sales minerales idóneas. Se debe beber a pequeños sorbos durante y después de la competición, de esta forma reponemos el agua, las sales minerales y los depósitos de glucógeno, disminuidos o incluso agotados, y acorta-mos de esta manera el tiempo de recuperación.

Es importante, ya sea en competición o entrenamientos, beber con frecuencia y a pequeños sorbos, sin esperar a tener sed, ya que la sed es un síntoma inicial de deshidratación. **¡Se be-be para no tener sed, no para aplacar la sed!**

En caso de competiciones de larga duración (más de 80-90 minutos), además de los pro-ductos anteriormente citados, será necesario aportar alimentos de elevado contenido caló-rico y de fácil digestibilidad.

9.5. ALIMENTACIÓN POSTCOMPETITIVA

Una vez finalizado el entrenamiento o competición, la alimentación sigue siendo importantí-sima, puesto que se debe rehidratar el organismo, reponer los depósitos orgánicos de glu-cógeno que se encuentran vacíos o muy reducidos, y neutralizar la acidosis metabólica fa-vorecida por el ácido láctico formado como consecuencia del propio esfuerzo. Para ello, lo aconsejable es seguir bebiendo una bebida de reposición ligeramente hipotónica, que ade-más de hidratar aporta energía y las sales minerales perdidas con la sudoración, y tomar una dieta rica en hidratos de carbono de elevado índice glucémico, junto con una pequeña can-tidad de proteínas fácilmente digeribles, ya que ayudan a reponer mejor los depósitos de glucógeno, como se verá más detalladamente en el siguiente capítulo. Resulta también muy interesante el consumo abundante de fruta madura.

Esta dieta también debe ser baja en proteínas, debe contener muy poca grasa, pues, como sabemos, retrasan el vaciado gástrico y por ello enlentecen la digestión y la absorción de nutrientes.

Es interesante para el deportista conocer que, una vez finalizado el ejercicio, la recuperación de los depósitos de glucógeno sigue el siguiente orden:

• Primero se recuperan los depósitos de glucógeno del músculo cardíaco, disminuidos por el aumento de su actividad durante el esfuerzo.

• Después el depósito de glucógeno hepático, imprescindible como se ha comentado en el mantenimiento de la glucemia. Recordemos la importancia de esta función para las células del sistema nervioso y los hematíes.

• Finalmente se recuperan los depósitos de glucógeno musculares.

Como vemos, la prioridad para mantener las funciones vitales está perfectamente definida en nuestro organismo.

9.6. CONCLUSIONES FINALES

Aunque este manual esté redactado para las personas que practican aquellas especialidades deportivas englobadas con el nombre genérico de fitness, el organismo humano no distingue entre la práctica de uno u otro deporte. Solamente «entiende» de esfuerzo físico, sea cual sea su modalidad de ejecución. Por ello, el entrenador de cualquier especialidad deportiva, incluido **el fitness en todas sus modalidades (Suelo, Agua, Ciclo Indoor y Nuevas Tendencias)**, debe tener un conocimiento detallado de todos estos conceptos.

Es importante saber que cada una de las vías energéticas no son "compartimentos estanco" que se ponen en marcha cuando se acaba la anterior ruta metabólica de obtención de energía, sino que se superponen en el tiempo, aumentando la importancia de cada una de ellas en los momentos que se solicite un tipo de esfuerzo determinado.

Queda claro que la inmensa mayoría de las personas que se matriculan en un gimnasio para practicar fitness, al igual que el resto de la gente que practica deporte en general, no se ha sometido previamente a una prueba de esfuerzo con ergoespirómetro y monitorización cardíaca, por ello, el monitor o entrenador desconoce cuáles son sus umbrales, pero el conocimiento del metabolismo energético muscular que se describe brevemente en este capítulo, con la ayuda de su propia experiencia, y unos datos básicos como son la edad, el sexo, el estado de forma física y el control de la frecuencia cardíaca de sus alumnos, le facilitarán la tarea, no solamente a la hora de imponerle un plan de entrenamiento, sino también para controlar qué tipo de sustrato energético le interesa que utilice su alumno en cada momento, ayudarle de esta forma a introducirle cambios en su alimentación, aconsejarle una suplementación adecuada en cada momento y controlar también su peso corporal.

Entendiendo todos estos conceptos, se comprende perfectamente porqué el ejercicio totalmente aeróbico de baja a moderada intensidad y larga duración es el ideal para que el organismo «queme» la grasa corporal para trasformarla en energía, y disminuir así sus depósitos corporales (y por lo tanto su peso graso) si la alimentación (y la suplementación en su casos) que se aconseja al alumno es la adecuada.

Por el contrario, si sometemos a los alumnos a intensidades elevadas de esfuerzo, utilizarán fundamentalmente el glucógeno, que será repuesto mediante los alimentos que ingieran después del ejercicio.

Por ello se ha introducido este capítulo sobre el metabolismo de la fibra muscular dentro de este manual de nutrición, porque, aunque son conceptos pertenecientes a la llamada «Fisiología del Esfuerzo Físico», están íntimamente unidos a la nutrición, ya que los alimentos son la fuente de toda la energía que utiliza el organismo y es fundamental conocer no sólo el sustrato energético que estamos utilizando en las diferentes modalidades de ejercicio físico, sino también el porqué, esto es, tener unos conocimientos básicos de las diferentes rutas metabólicas.

AYUDAS ERGOGÉNICAS

10.1. CONCEPTO DE AYUDA ERGOGÉNICA Y SUSTANCIA DOPANTE

Siempre que se habla de **ayuda ergogénica** en el deporte, una parte importante de la población cree que se está hablando de dopaje, por ello, es interesante hacer unas consideraciones sobre lo que es realmente cada uno de estos dos conceptos tan diferenciados entre sí, no solamente por los productos utilizados, sino también por los fines buscados en cada caso.

Ayuda ergogénica es:

> **«Cualquier medida, de cualquier índole, dirigida a mantener en lo posible el nivel de prestación deportiva, que minimiza las manifestaciones objetivas y subjetivas de la fatiga y que no pone en peligro la salud del deportista».** (Barbany 1990).

Según esta definición, las ayudas ergogénicas pueden ser de índole alimentaria o dietética, farmacológica, mecánica, física, psicológica, etc.

Sustancia dopante es:

> **«Toda sustancia exógena, o también de origen fisiológico, suministrada en condiciones o cantidades anormales, administrada por cualquier vía, con objeto de aumentar de forma artificial el rendimiento deportivo, y que puede suponer un perjuicio a la ética deportiva y a la integridad física o psíquica del deportista».** (Barbany 1990).

A diferencia de las ayudas ergogénicas, las sustancias dopantes son casi exclusivamente de origen farmacológico.

Según estas definiciones, podemos diferenciar:

1.- Suplementos nutricionales.

Como se trata de nutrientes, administrados en cantidades fisiológicas, carecen de efectos secundarios o tóxicos para el organismo, que no ponen en peligro la salud del deportista y que, por tanto, no se pueden considerar ni están contempladas como sustancias dopantes.

2.- Sustancias farmacológicas «no dopantes».

Se trata de fármacos o medicamentos no incluidos en las listas oficiales de sustancias prohibidas, administrados con el fin de tratar algún problema físico (antiácidos, antibióticos, etc.)

3.- Sustancias farmacológicas «dopantes».

Son sustancias o medicamentos administrados únicamente con el fin de aumentar el rendimiento deportivo de forma artificial, aun poniendo en peligro la salud del deportista y que están incluidos en las listas oficiales de sustancias dopantes (diuréticos, estimulantes, anabolizantes, etc.).

En este grupo, existe una serie de sustancias que, utilizadas bajo receta médica para tratar algún problema de salud perfectamente definido, no se consideran dopantes si se comunica oficialmente a las autoridades deportivas su uso mediante la documentación médica necesaria. Como ejemplo, se pueden citar los broncodilatadores y corticoides usados cuando existe un problema respiratorio.

Por todo lo expuesto, queda claro que al hablar de **ayudas ergogénicas**, estamos hablando, por tanto, de una serie de **sustancias o productos incluidos generalmente en la alimentación de las personas** que, administrados en dosis fisiológicas, no poseen ningún tipo de efecto tóxico sobre el organismo, y cuya única finalidad es aumentar el rendimiento deportivo al retrasar o minimizar la aparición y/o los efectos de la fatiga.

10.2. OBJETIVOS DE LA SUPLEMENTACIÓN DIETÉTICA

Queda claro que **la mejor ayuda ergogénica nutricional es una correcta alimentación**, basada en una dieta variada, completa y equilibrada, debidamente supervisada por un experto en nutrición. Sin embargo, como esto no siempre es posible, y aun siéndolo, en circunstancias especiales relacionadas la mayoría de las veces con planes específicos de entrenamiento y/o con la competición, dicha dieta debe ser suplementada con alimentos especialmente adaptados, denominados en conjunto **suplementos nutricionales.**

Una adecuada suplementación dietética no sólo puede aumentar el rendimiento deportivo, sino incluso mantener o aumentar la salud de los deportistas, dados los altos requerimientos energéticos y nutricionales que existen en estas circunstancias.

Normalmente, la utilización de los suplementos nutricionales se realiza con los siguientes objetivos:

- Incrementar los depósitos de sustratos energéticos y retrasar la aparición de la fatiga.
- Aumentar la hipertrofia y/o la fuerza muscular.
- Evitar la deshidratación.
- Disminuir el tiempo de recuperación.
- Incrementar la actividad inmunológica.
- Acelerar la curación y/o recuperación de lesiones.
- Proteger al organismo de los efectos de los radicales libres producidos durante el esfuerzo.
- Aumentar la capacidad de entrenamiento, o lo que es lo mismo: entrenar más y mejor sin perjudicar a la salud.

Los suplementos dietéticos más utilizados actualmente como ayudas ergogénicas los podemos agrupar de la siguiente forma:

1. Hidratos de carbono y alimentos energéticos.
2. Bebidas de reposición tanto energética como electrolítica.
3. Proteínas y aminoácidos.
4. Nutrientes esenciales.
5. Otros suplementos.

10.3. COMPLEMENTOS ALIMENTICIOS MÁS UTILIZADOS

10.3.1. Hidratos de carbono y alimentos energéticos

Sabemos que los hidratos de carbono, fundamentalmente el glucógeno y la glucosa, constituyen la fuente más importante de energía para la fibra muscular activa durante el ejercicio físico, hasta el punto que una de las principales causas de fatiga muscular es el agotamiento de estas reservas y por lo tanto, la falta de disponibilidad de carbohidratos para la obtención de energía.

Por lo tanto, este tipo de suplementos o ayuda ergogénica nutricional tienen como fin el asegurar un permanente aporte de hidratos de carbono a las fibras musculares activas durante todo el tiempo que sea necesario, así se retrasará la aparición de la fatiga y aumentará el rendimiento deportivo.

Para ampliar más este apartado se recomienda leer el capítulo 3.

10.3.2. Hidratación y bebidas de reposición

10.3.2.1. El agua

Aunque no se considere al agua como un nutriente, es indispensable para la vida y forma parte de todos los seres vivos. Dependiendo de la edad y de la actividad física, alrededor del 60% del peso corporal total se debe al agua contenida en nuestro organismo.

En un recién nacido esta proporción se puede elevar hasta el 75% y en un individuo obeso, baja hasta el 45%. Conforme envejecemos, vamos perdiendo agua.

El agua es el medio por el que se establece la comunicación entre las diversas células que forman los tejidos. Las enzimas responsables de la fabricación de energía y de la síntesis de las diversas sustancias que continuamente necesita el organismo, no pueden actuar sin la presencia de agua. Todas estas reacciones químicas tienen lugar entre los productos disueltos o bien en los límites superficiales de los que están suspendidos en el agua.

La mayor parte del ingreso diario de agua se realiza mediante su propia ingesta como tal, o bien por la que contienen los alimentos, aunque nuestro cuerpo también sintetiza agua mediante reacciones químicas de oxidación: alrededor de 150-250 ml diarios.

Las pérdidas diarias dependen tanto de la temperatura exterior, como de la actividad física. Para una temperatura atmosférica de 20°C y en situación de reposo, se pierden entre

0,4-0,5 ml por hora y por kilo de peso corporal, por el aire y por la piel. En presencia de fiebre, estas pérdidas son mayores.

Mediante la orina se pierden alrededor de 1.400 ml, 100 ml por el sudor y otros 100 ml con las heces. Cuando hay diarrea o vómitos, estas pérdidas intestinales pueden ser tan grandes que incluso ponen en peligro la vida, de ahí la importancia de la rehidratación mediante bebidas que contengan una composición adecuada.

La piel es una barrera que evita la deshidratación, por eso, cuando hay quemaduras extensas, el peligro de deshidratación es muy grande, ya que se pueden llegar a perder hasta 4 ó 5 litros de agua en 24 horas.

Para mantener el equilibrio mínimo en condiciones basales, **se necesita ingerir diariamente alrededor de 800 ml de agua**, aunque para que la función renal actúe con total normalidad y sea capaz de eliminar todas las sustancias tóxicas sin ninguna sobrecarga, **se debe beber un mínimo de 1.500 ml diarios**, e incrementar proporcionalmente esta cantidad si hay un aumento de la sudoración, bien sea debida a la práctica de ejercicio físico o al aumento de la temperatura ambiente.

10.3.2.2. Hidratación: la importancia del agua y las sales minerales

La obtención y consumo de energía química, y su posterior transformación en energía mecánica, necesaria para realizar cualquier ejercicio físico, traen consigo la producción de gran cantidad de calor. Lógicamente, dicha producción será mayor cuanto mayor sea la duración e intensidad del esfuerzo y, en consecuencia, la demanda de energía.

Podríamos comparar este proceso al de un motor de combustión de cualquier automóvil: cuando más a fondo se «pisa» el acelerador, más potencia nos proporciona ese motor, pero más se calienta. La recirculación de agua por el radiador es lo que lo refrigera e impide que literalmente «se funda».

El organismo humano es homeotermo, es decir, mantiene una temperatura constante, por lo que el exceso de calor producido debe ser eliminado. El cuerpo humano dispone de varios mecanismos de refrigeración, de los cuales, el más eficaz, sin duda, es el de la sudoración. La piel de nuestro organismo actúa como el radiador de un coche: nos refrigera.

Sudar lleva consigo la pérdida de gran cantidad de agua y **electrolitos**. En realidad, la pérdida de calor no se produce por el mero hecho de sudar, sino que es la evaporación del sudor la que refrigera nuestro organismo. Si el sudor no se evapora, no sólo no refrigeramos nuestro cuerpo, sino que, además, nos deshidratamos, lo cual comporta un riesgo evidente, no sólo para el logro de altos rendimientos deportivos sino incluso, ¡y de qué manera!, para la salud.

La evaporación del sudor puede verse alterada por las condiciones climáticas y ambientales del momento, tales como la temperatura y, sobre todo, por el grado de humedad medioambiental. Así, si la temperatura es muy elevada, nuestro organismo necesitará producir más cantidad de sudor para enfriarse, pero si la humedad es también muy elevada, la evaporación del sudor producido estará dificultada, con lo que la velocidad de enfriamiento de nuestro cuerpo disminuirá drásticamente y la respuesta corporal será la producción de mayor cantidad de sudor, con el consiguiente aumento en ambos casos de la deshidratación corporal.

Para evitar estos problemas hay que tener en cuenta que **la velocidad de deshidratación es superior a la velocidad de hidratación, por lo que se debe comenzar el ejercicio perfectamente bien hidratado, y seguir bebiendo constantemente, sin esperar a notar la sensación de sed**, ya que ésta no es más que una respuesta del organismo cuando ya ha comenzado el proceso de deshidratación corporal. Es decir: **¡Se debe beber para no tener sed, no para aplacar la sed!**

Por el mismo motivo, durante la práctica del ejercicio físico, se deben llevar prendas que no dificulten la evaporación del sudor.

Con el sudor también eliminamos sales minerales, fundamentalmente sodio; sin embargo, cuando la duración y la intensidad del ejercicio son elevadas, también deben tenerse en cuenta las pérdidas de magnesio, potasio y zinc.

En muchas ocasiones, el deportista no es consciente de la pérdida de sudor que sufre cuando está entrenando y aún menos cuando compite. Para clarificar este tema debemos tener en cuenta algunas consideraciones:

• Como se ha comentado anteriormente, el mero hecho de respirar ya provoca una pérdida de agua, por lo tanto, como la práctica de cualquier ejercicio físico eleva la frecuencia respiratoria, también esto es causa importante de deshidratación. En este caso, contrariamente a la sudoración, la pérdida de agua por la respiración es mucho mayor cuanto menos humedad hay en el ambiente, o lo que es lo mismo, cuanto más seco sea el clima.

• La cantidad de sudor producido estará relacionada con las condiciones de humedad y temperatura del medio externo. Cuanto mayores sean estos dos parámetros, mayores serán las pérdidas. A modo de ejemplo podemos citar un deporte concreto, que por el medio en que se desarrolla, el deportista no tiene en cuenta estas condiciones: nadar en piscinas climatizadas aumenta la velocidad de deshidratación corporal debido a dos causas, la temperatura del agua y la del entorno, y la humedad del propio entorno. Así, la zonas

donde se encuentran los vasos, los vestuarios y las duchas, no sólo son locales con temperatura elevada, sino también con una humedad relativa anormalmente alta. Todo ello tiende a aumentar la cantidad de sudor y a dificultar su evaporación, lo cual favorece, como sabemos, la deshidratación. En cambio, la práctica de la natación al aire libre producirá una deshidratación que estará directamente relacionada con la temperatura del agua y con las condiciones climáticas exteriores. Aun en el mejor de los casos (aguas frías), el grado de deshidratación siempre será mayor que en reposo.

También la práctica de las diversas modalidades de fitness provoca una deshidratación importante, ya que se realizan en lugares cerrados, donde la ventilación, por buena que sea, en muchas ocasiones no puede igualar las condiciones del aire libre, entre otras cosas, porque normalmente hay un grupo numeroso de personas haciendo ejercicio físico intenso, lo cual provoca también una mayor humedad ambiental y un cierto aumento de la temperatura en el local, ya que los cuerpos se calientan por el esfuerzo, y a la vez, evaporan sudor.

Si no se bebe, nuestro cuerpo sufrirá las consecuencias de la deshidratación. Con tan sólo un dos por ciento de pérdida de peso corporal en forma de sudor ya se está disminuyendo el rendimiento deportivo entre un diez y un veinte por ciento.

Para evitar estos problemas se utilizan las llamadas **bebidas de reposición hidroelectrolítica**, a través de las cuales reponemos el agua y los electrolitos perdidos. Ahora bien, para que el contenido de este tipo de bebidas sea útil al organismo, deben reunir una serie de condiciones que las haga rápidamente absorbibles. Si no es así, serán meros refrescos, que podrán tener muy buen sabor, pero no servirán en absoluto para los fines que estamos buscando.

La absorción del agua, los hidratos de carbono y las sales minerales que puedan contener estas bebidas se realiza en las primeras zonas del intestino delgado, por lo tanto, cuanto mayor sea la velocidad del vaciamiento gástrico, antes llegarán a sus lugares de absorción.

Como estas bebidas deben proporcionar también energía, necesariamente han de contener hidratos de carbono, para que mediante los correspondientes procesos oxidativos, puedan ser transformados en esa energía que el organismo necesita. Sin embargo, la concentración de carbohidratos no debe ser muy elevada, pues de lo contrario aumentará aún más lo que se conoce como **osmolalidad** de la solución. Sin entrar en explicaciones excesivamente técnicas, lo cual no es el fin del presente manual, diremos que la osmolalidad es una forma de medir los efectos de la concentración que tiene una solución en las células del organismo. La osmolalidad en el organismo se mide en una unidad de medida llamada miliosmol. Los líquidos orgánicos tienen una osmolalidad aproximada de 300 miliosmoles por litro. Las soluciones que contienen estas osmolalidades se llaman isoosmóticas o **isotónicas**, las que tienen menos de 300 son hipoosmóticas o **hipotónicas** y las que están por encima de 300 se llaman hiperosmóticas o **hipertónicas**.

Cuanto mayor sea la concentración de sustancias disueltas (solutos) en una solución, diremos que mayor es su osmolalidad y si esta osmolalidad es superior a la de los líquidos del organismo, esto es, superior a los 300 miliosmoles por litro (o lo que es lo mismo, de acuerdo con la explicación anterior, hipertónica) afectará negativamente a las células y variará sus propiedades.

En este caso concreto, si la osmolalidad de la bebida de reposición es mayor a los 300 miliosmoles por litro, el estómago enlentece sus movimientos y por lo tanto, retrasa el proceso de vaciado de su contenido hacia el intestino delgado, y su absorción. Diremos entonces que las bebidas de reposición que contengan más de 300 miliosmoles por litro retrasan la **velocidad de vaciado gástrico.**

De ahí la importancia del tipo de hidrato de carbono que contengan en su fórmula, ya que la glucosa y la fructosa, debido a su gran osmolalidad, no pueden añadirse a la formulación en grandes cantidades y, en consecuencia, aportan muy poca energía. Por ello se debe recurrir también a otros tipos de carbohidratos, como son las **maltodextrinas**, de esta forma se puede aumentar la cantidad de calorías sin afectar al vaciado gástrico.

Así pues, la osmolalidad de la bebida de reposición va a condicionar la velocidad de vaciado gástrico y su absorción por el organismo, lo cual supone otra razón de peso para que la misma no sea nunca superior a la osmolalidad del medio interno. Por todo ello, dichas bebidas deben ser isotónicas o incluso mejor, ligeramente hipotónicas.

Pero el problema no acaba eligiendo la mezcla de hidratos de carbono que deba contener su fórmula. Investigaciones recientes sobre los procesos de absorción de agua y carbohidratos demuestran que para que tanto la una como los otros sean rápidamente absorbidos en el intestino delgado, necesitan la «colaboración» del sodio. Se ha llegado a medir qué cantidad de sodio deben contener estas bebidas de reposición para que esa absorción sea máxima y los resultados de estas investigaciones demuestran que **la cantidad de sodio no puede ser inferior a los 460 miligramos por litro de solución**, o lo que es lo mismo, por litro de bebida. Cantidades inferiores no ayudan a la absorción y por lo tanto, no son efectivas. Además, el mismo sodio absorbido ejerce una función de «retención» de esa agua por el organismo. Si las cantidades de sodio no son las adecuadas, esa agua no queda «retenida» y se elimina, con lo cual no existe rehidratación.

Así pues, como el fin último de estas bebidas es conseguir una rápida rehidratación y a la vez, un rápido suministro de energía, no deben contener cantidades inferiores de sodio. Si lo hacen para mejorar el sabor, se convierten en «bebidas refrescantes», pero sin utilidad para los fines que estamos buscando.

Es conveniente recordar, como ya se ha comentado en el capítulo 6 que el potasio es un ion con presencia fundamentalmente intracelular, por lo que su eliminación por el sudor es mínima, por eso estas bebidas deben contener pequeñas cantidades de potasio.

A la vez, cuanto más tiempo dure la realización del ejercicio, mayor será la pérdida de magnesio y de zinc, minerales, sobre todo éste último, que normalmente se aportan en pequeñas cantidades en la dieta de los deportistas, como ya se ha comentado también en el capítulo 6. Por ello, la presencia de cantidades perfectamente estudiadas de estos dos minerales en las llamadas «bebidas energéticas» o «bebidas de reposición» es muy importante.

Se debe tener en cuenta que la temperatura a la que se ingieren este tipo de bebidas debe ser la que resulte agradable al deportista, sin estar excesivamente fría.

Es conveniente beber entre 125 y 150 ml de esta bebida cada 15-20 minutos, procurando no sentir en ningún momento la sensación de sed. De esta forma, no sólo mantendremos al máximo la hidratación corporal y el rendimiento deportivo sino que, además, estaremos preservando la función renal y, por lo tanto, la salud.

10.3.3. Proteínas y aminoácidos

Ya se ha comentado en el capítulo 5 la relación de la ingesta proteica con el ejercicio físico. Recordemos que desde el punto de vista de la utilización metabólica de las proteínas durante el esfuerzo, se asume que en los deportes de resistencia existe un mayor aumento en la oxidación de éstas y por lo tanto, deben ser repuestas durante los períodos de recuperación.

En los deportes de fuerza o potencia, también se asume que la ganancia de masa y fuerza muscular sólo puede ser máxima si la ingesta proteica es alta, sobre todo en principiantes.

Es evidente que para que la función renal sea normal cuando se están tomando elevadas cantidades de proteínas, la ingesta de agua debe también ser mayor.

También resulta imprescindible la toma **de 0,02 mg de vitamina B$_6$ por cada gramo de proteína ingerida**, ya que dicha vitamina está ligada muy estrechamente al metabolismo proteico.

La toma de aminoácidos de cadena ramificada, antes o durante el esfuerzo físico, ayuda a retrasar la aparición de la denominada «fatiga central», mientras que la suplementación con glutamina diariamente durante el período de entrenamiento y competición aumenta la actividad del sistema inmunológico y la recuperación del glucógeno muscular.

10.3.3.1. Aminoácidos de cadena ramificada

Los aminoácidos de cadena ramificada son la **leucina**, la **isoleucina** y la **valina**. Como son aminoácidos esenciales, el organismo necesita ingerirlos diariamente mediante la alimentación, ya que no puede sintetizarlos.

Hasta la última década del pasado siglo XX, se creía que las sensaciones subjetivas de fatiga que acompañan a los ejercicios de duración prolongada eran el resultado de hechos que ocurren en los músculos o en el sistema cardiovascular, pero ya a finales de los años noventa se comenzaron a relacionar las señales que aparecen en el ámbito periférico con hechos que ocurren en el ámbito del sistema nervioso central.

La fatiga muscular se define habitualmente como la incapacidad para mantener la fuerza o potencia esperada o requerida. Las causas de la fatiga muscular son debidas a alteraciones específicas dentro del propio músculo. Dichas alteraciones podrían incluir: la transmisión alterada del impulso nervioso en el ámbito de la placa neuromuscular y su propagación a través del músculo, la disminución de sustratos energéticos y, finalmente, otros acontecimientos metabólicos que alteren la producción de energía y la contracción muscular.

Sin embargo, la fatiga también puede ser consecuencia de alteraciones en el ámbito del sistema nervioso central, en lo que se ha denominado **fatiga central.** Ya se sabe desde hace tiempo que los factores psicológicos pueden afectar el rendimiento físico.

Podríamos definir **la fatiga central** como:

"Un tipo de fatiga asociada a alteraciones específicas funcionales del sistema nervioso central, y que no puede ser explicada de forma razonada por la existencia de marcadores periféricos de fatiga muscular".

Veamos cuál es la causa de este tipo de fatiga y su manera de combatirla.

Durante el ejercicio prolongado y en todas aquellas situaciones en que los depósitos de glucógeno están muy disminuidos, existe:

1. Un aumento de los niveles plasmáticos de ácidos grasos libres, puesto que en estas situaciones son las grasas las que deben proporcionar la mayor parte de la energía.

2. Un aumento en la utilización de los aminoácidos de cadena ramificada como fuentes de energía por los músculos, de tal forma que su concentración en el torrente sanguíneo disminuye.

Los ácidos grasos, cuando «viajan» por el torrente sanguíneo, lo hacen unidos a una proteína llamada **albúmina** que actúa como su transportador.

Hay un aminoácido esencial, el triptófano, que también se encuentra en parte unido a la albúmina, pero que al haber ese aumento tan grande de ácidos grasos libres, es desplazado por ellos de ese «autobús» transportador llamado albúmina y por lo tanto, una parte importante de él queda libre en la sangre.

Los aminoácidos de cadena ramificada y el triptófano atraviesan la barrera hematoencefálica (esto es, penetran en el cerebro) unidos a un mismo transportador, de tal forma, que en condiciones normales hay un equilibrio competitivo entre el **triptófano libre** y estos aminoácidos en la utilización de este transportador para penetrar en el cerebro, pero en estas situaciones, donde la cantidad de aminoácidos de cadena ramificada está disminuida porque están siendo captados por los músculos para ser transformados en energía, el **triptófano libre** dispone de más transportadores para él solo, de tal forma que penetra en mayor cantidad dentro del cerebro.

Podríamos decir, utilizando el ejemplo del autobús anterior, que en este nuevo autobús que usan a la vez los aminoácidos de cadena ramificada y el triptófano libre para penetrar en el cerebro, hay muchas más «plazas libres» que son utilizadas por el triptófano.

Una vez dentro del cerebro, el triptófano es convertido en una sustancia neurotransmisora llamada **serotonina**, con lo cual, los niveles de serotonina cerebral aumentan.

Parece ser que ese aumento de serotonina es el responsable de la aparición de esa llamada **fatiga central**.

¿Cómo combatirla?

La toma de aminoácidos de cadena ramificada aumenta sus concentraciones plasmáticas, lo cual permite que «ocupen más plazas» de ese autobús que utilizan junto con el triptófano para penetrar en el cerebro. De esta manera compiten con el triptófano desplazándole del «autobús». Así los niveles cerebrales de triptófano son más bajos y por lo tanto, la concentración de serotonina en el cerebro se mantiene baja.

La consecuencia de ello es que se retrasa la aparición de esa fatiga central, con lo cual el deportista puede rendir al nivel máximo durante un mayor espacio de tiempo. Pero es que además, si no se toman aminoácidos de cadena ramificada antes y/o durante el ejercicio prolongado, esa utilización de estos por los músculos para transformarlos en energía hace que el deportista pierda parte de sus propias proteínas, con lo cual su recuperación será mucho más lenta, ya que la síntesis de las proteínas perdidas por el propio músculo es un proceso más lento que la recuperación del glucógeno consumido.

10.3.3.2. Glutamina

La glutamina es un aminoácido no esencial que se sintetiza fundamentalmente en el músculo esquelético, el pulmón y el cerebro, aunque también puede ser sintetizado por todos los tejidos del organismo.

La glutamina es imprescindible para que tengan lugar una serie de funciones vitales para el organismo. Veamos algunas:

- Proporciona nitrógeno para la síntesis de numerosos compuestos, en especial para los ácidos nucleicos de todas las células del organismo.

- Es la primera forma de eliminación de una sustancia muy tóxica: el amoníaco, formado por los tejidos del organismo como resultado del uso de diferentes vías metabólicas. Especialmente, durante el ejercicio intenso y prolongado, que normalmente existe una acentuada utilización de aminoácidos para la obtención de energía, se producen niveles elevados de amoniaco que la glutamina debe transportar al riñón para que sea eliminado en forma de urea.

- Es el aminoácido empleado por el hígado y el riñón para formar glucosa.

- Es una sustancia necesaria para la función de las células del sistema inmunológico.

- Es el principal precursor de dos importantes sustancias que actúan como transmisores de la señal nerviosa (neurotransmisores) en el sistema nervioso central: el glutamato y el ácido gamma-amino butírico (GABA). El primero de ellos es un neurotransmisor excitatorio y el segundo es lo contrario: actúa como depresor del sistema nervioso central, a modo de tranquilizante.

- La glutamina da la energía necesaria para que exista la adecuada renovación de las células mucosas del aparato digestivo, pancreático y otras células de crecimiento rápido, así como de aquellas células que en un momento determinado puedan tener aumentos bruscos en sus demandas energéticas, como las fibras musculares durante el ejercicio físico.

- Desempeña un importante papel en la regulación del equilibrio ácido-base por el riñón, lo cual tiene una gran importancia durante la práctica de ejercicios de larga duración y/o intensidad, ya que estos provocan una acidosis metabólica, tanto por producción de ácido láctico como de amoniaco.

Así pues, durante el ejercicio físico las necesidades orgánicas de glutamina se ven muy aumentadas y por lo tanto, sus reservas pueden quedar muy disminuidas, lo cual compromete seriamente a todas las funciones que tiene este aminoácido en el organismo.

Está científicamente demostrado que durante los ejercicios prolongados y/o de alta intensidad, los niveles plasmáticos de glutamina aumentan en un primer momento, posiblemente por la liberación de sus reservas orgánicas, pero posteriormente sufren importantes y significativos descensos durante el período de recuperación. Esta recuperación tarda varias horas, dependiendo de la intensidad y duración del ejercicio realizado.

Si esta recuperación es inadecuada entre los entrenamientos o las competiciones, los efectos del ejercicio físico sobre los niveles de glutamina pueden ser acumulativos, pudiendo desembocar en un síndrome de sobreentrenamiento. Los deportistas con este síndrome parecen tener niveles bajos de glutamina plasmática durante meses o años. Esto puede tener importantes efectos negativos sobre el funcionamiento de los órganos de estos deportistas, en especial sobre el sistema inmune y el intestino, que pueden verse claramente afectados.

Por ello, la suplementación con glutamina tiene un efecto preventivo sobre la disminución de la multiplicación de las células intestinales (recambio celular normal de células) y también sobre la disminución de la actividad de las células del sistema inmune tras el ejercicio.

También mediante la suplementación con glutamina se mantienen los niveles de este aminoácido que tienen las células musculares, y se evita de esta forma una excesiva pérdida de masa muscular.

Asimismo, la disponibilidad de altos niveles de glutamina después del ejercicio facilita la recuperación de los depósitos de glucógeno muscular.

Así pues, y a modo de resumen, durante el ejercicio físico intenso y/o prolongado y en condiciones normales, la glutamina será utilizada por:

- El riñón para controlar la acidosis metabólica.
- El hígado para sintetizar urea, glucosa y glutation.
- En la proliferación (fabricación) de linfocitos.
- En la reparación de los tejidos agredidos.
- En último término, como sustrato energético por las diferentes células metabólicamente activas.

Por todo ello, una baja disponibilidad de glutamina en un momento dado puede comprometer todas estas funciones, con el consiguiente riesgo que ello supone, no sólo para la obtención de altos rendimientos deportivos sino incluso para la salud.

10.3.4. Nutrientes esenciales

En nuestro país, las cantidades diarias recomendadas (CDR) de nutrientes esenciales para adultos sanos no deportistas, se publicaron en el Boletín Oficial del Estado (BOE) en el año 1992.

Ahora bien, estas recomendaciones no distinguen entre personas sanas y físicamente activas, pero hay suficientes evidencias científicas que demuestran que en casos de actividades intensas y/o regulares pueden existir necesidades más elevadas de estos nutrientes.

La práctica deportiva en sí misma implica ciertos riesgos, como son las lesiones del aparato locomotor, pero además, existen circunstancias especiales como son, por ejemplo, los inicios de un programa de entrenamiento, los entrenamientos irregulares o inadecuados, las malas recuperaciones, los síndromes de sobreentrenamiento, etc., que hacen que los deportistas presenten riesgos añadidos para su salud.

Está aceptado por los científicos que la nutrición deportiva, incluyendo en ella las **ayudas ergogénicas nutricionales**, debe promocionar la salud, además de facilitar el logro de altos rendimientos deportivos.

Hay cierto tipo de patologías que pueden reducirse mediante la toma de una suplementación adecuada. Para no hacerlo demasiado extenso, veamos unos ejemplos concretos:

- **Inflamaciones producidas por el ejercicio.** Los deportistas, especialmente los practicantes de deportes de resistencia, tienen un alto riesgo de sufrir microlesiones en sus músculos y síndromes por sobrecarga. Como estas lesiones no solamente producen dolor, sino que además cursan con una respuesta inflamatoria aguda, la ingesta diaria de suplementos nutricionales adecuados, como son los concentrados de ácidos grasos omega 3, y las sustancias antioxidantes, podrían disminuir esta respuesta inflamatoria.

- **Infecciones del tracto respiratorio superior.** Los deportistas con altos volúmenes de entrenamiento tienen un mayor riesgo de padecer lo que en términos médicos se conoce como **IRS** (infecciones que ocurren en la parte superior del aparato respiratorio: faringitis, traqueitis, amigdalitis, etc.). También hay muchos estudios científicos que demuestran los beneficios para estos deportistas del uso de suplementos estimuladores del sistema inmunológico (inmunoestimuladores), como el aminoácido **glutamina**.

- **Estrés oxidativo.** Los altos consumos de oxígeno realizados durante el ejercicio físico, con el consiguiente aumento del metabolismo oxidativo para producir la energía requerida por los músculos, producen elevadas cantidades de radicales libres, con el riesgo que estos pueden comportar para la salud.

10.3.4.1. Minerales

Aunque ya se han comentado extensamente las implicaciones fisiológicas de los distintos minerales en el capítulo 6, en este apartado expondremos muy sucintamente los minerales más conocidos que tienen una relación con el ejercicio físico.

Los principales minerales implicados en la fisiología y el metabolismo muscular son el **calcio, el potasio y el magnesio**, por lo tanto **su ingesta diaria con la alimentación resulta esencial.**

Pero también hay otros minerales que están relacionados directa o indirectamente con el metabolismo más intenso que ocurre durante la práctica deportiva.

Repasemos algunos de ellos incluidos los ya enunciados:

10.3.4.1.1. Magnesio

Un 70% de todo el magnesio que hay en el organismo está localizado en los huesos y solamente un 1-3% está disponible desde el punto de vista metabólico.

En los deportistas, se han encontrado bajas concentraciones plasmáticas de magnesio, tanto en reposo como después del ejercicio. Aunque estos hallazgos pueden ser una consecuencia de la redistribución corporal de este mineral producido por el ejercicio, sí parece que ciertas molestias de tipo muscular disminuyen con una suplementación rica en magnesio. No podemos olvidar que durante los ejercicios de larga duración, las pérdidas de este mineral por la sudoración pueden llegar a ser importantes. En estos casos resulta muy interesante la toma de una bebida energética deportiva que contenga, entre otros, este mineral en una concentración perfectamente estudiada.

10.3.4.1.2. Potasio

Como ya se ha comentado, el potasio está en su mayor parte dentro de las células de nuestro organismo, fundamentalmente en el interior del músculo esquelético, parcialmente unido a los depósitos de glucógeno.

El músculo pierde potasio durante los procesos de contracción, por lo que las concentraciones plasmáticas del mismo aumentan durante el ejercicio, por eso no es bueno tomar cantidades elevadas de potasio durante la práctica deportiva, ya que podrían resultar tóxicas.

Una vez acabado el ejercicio, se redistribuye de nuevo el potasio dentro del organismo.

Solamente con el potasio que contienen los diferentes alimentos de una dieta variada es suficiente para mantener unos niveles normales de este mineral.

10.3.4.1.3. Calcio

El 99% del contenido de calcio que contiene el organismo está en los huesos. Por el plasma circula sólo un 1%.

Después del ejercicio agudo, no se han encontrado variaciones en las concentraciones plasmáticas, por ello, las bebidas de reposición no deben contener calcio, excepción hecha de la pequeña cantidad que suele utilizarse como antiapelmazante en los productos presentados en forma de polvo para preparar la bebida.

Ahora bien, hay una serie de consideraciones que deben tenerse en cuenta cuando relacionamos calcio y ejercicio físico.

• Los deportistas de bajo peso, especialmente mujeres, presentan a menudo ingestas de calcio menores a las recomendadas.

• Hay un síndrome conocido como **osteoporosis del deportista**, que cursa como cualquier tipo de osteoporosis: disminuye el contenido en calcio de los huesos y aumenta el riesgo de que aparezcan las llamadas «fracturas por estrés», entendiéndose en este caso la palabra estrés, como una solicitación máxima de esfuerzos al aparato locomotor, normal en la práctica deportiva. Aunque este tipo de osteoporosis (que suele aparecer en mujeres) está relacionada con bajos niveles hormonales de estrógenos, una vez corregido este defecto sí es necesaria la suplementación con calcio y vitamina D.

Una vez más, se puede afirmar que si la dieta contuviera unos niveles adecuados de calcio absorbible, no haría falta la suplementación. Como ya se ha comentado, la mejor fuente de calcio de fácil absorción son la leche y sus derivados.

10.3.4.1.4. Hierro

Como el hierro forma parte de la hemoglobina y ésta es fundamental en el transporte de oxígeno, tener unas reservas adecuadas de hierro en forma de ferritina es imprescindible para todo deportista.

La población deportista con mayores riesgos de padecer estados carenciales de hierro, que se traducen en niveles bajos de hemoglobina, son las mujeres, por sus pérdidas menstruales. Pero no debemos olvidar que tanto los hombres como las mujeres que practican deportes de resistencia, y más si existe un «golpeteo continuado» sobre superficies duras (carreras de fondo y medio fondo), pierden hierro por causa de las roturas de hematíes que producen ese «golpeteo continuado», además de las pequeñas pérdidas producidas también por la sudoración.

Por ello, sí puede estar indicada una suplementación dietética de hierro de acuerdo con las CDR, sobre todo en mujeres, pero nunca una suplementación con niveles más elevados, considerados farmacológicos.

La toma de esas dosis solamente se debe realizar cuando exista una analítica que demuestre su necesidad, y siempre bajo control médico.

10.3.4.1.5. Zinc

Hay muchos estudios científicos que demuestran que los deportistas ingieren cantidades bajas en zinc.

El zinc es importante para el correcto funcionamiento del sistema inmunológico, y para la formación de sustancias antioxidantes, entre otras muchas funciones.

Las pérdidas de zinc no solamente ocurren a través de la orina, sino también por el sudor cuando se practica deporte. Por ello, la toma de una bebida energética que contenga zinc puede ayudar a reponer esas pérdidas.

10.3.4.1.5. Manganeso

El manganeso es un componente esencial de una enzima de gran potencia antioxidante: **la superóxido dismutasa**, que actúa protegiendo al organismo contra los radicales libres. Por ello su ingesta debe ser muy cuidada por toda la población y más si cabe en deportistas.

10.3.4.1.7. Cobre

El cobre forma parte de numerosas enzimas y su pérdida por la sudoración puede ser importante, por ello también es imprescindible que su ingesta sea como mínimo del 100% de las CDR.

10.3.4.1.8. Selenio

Forma parte de una enzima esencial en la protección contra los radicales libres: el glutation peroxidasa. Su ingesta con los alimentos está totalmente condicionada por la riqueza en selenio del suelo donde se cultiven los vegetales que se ingieran o que sirvan como pasto al ganado, por lo tanto, la suplementación con cantidades dietéticas de selenio es muy interesante para evitar descensos en la concentración de esa enzima antioxidante y más si cabe en deportistas, que como ya sabemos, presentan una mayor producción de radicales libres.

10.3.4.2. Vitaminas

Aunque ya se han comentado sus acciones en el capítulo 6, solamente recordaremos que está suficientemente demostrado que las vitaminas desempeñan un papel esencial en el metabolismo energético, y por lo tanto, tienen una importancia fundamental en el rendimiento físico.

Se debe tener en cuenta que las mayores necesidades calóricas de los deportistas llevan también a variar el cálculo de sus necesidades vitamínicas.

Así, para la vitamina B_1 son de 0,5 mg por cada 1.000 kcal, para la vitamina B_2 de 0,6 mg por cada 1.000 kcal, 6,7 mg de niacina por cada 1.000 kcal y 0,02 mg de vitamina B_6 por cada gramo de proteína ingerida.

También por los incrementos en los radicales libres que tienen lugar durante la práctica deportiva, parece razonable aumentar ligeramente las cantidades de vitaminas con claros efectos antioxidantes, como son la C y la E.

10.3.5. Otros suplementos

Los suplementos más utilizados actualmente en el mundo del deporte y que no se han descrito en los apartados anteriores son **la creatina, la L-carnitina y los triglicéridos de cadena media (MCT).**

10.3.5.1. Creatina

La **creatina** es un componente no esencial habitual en la dieta, ya que abunda en carnes y pescados. En el organismo se sintetiza a partir de tres aminoácidos (glicina, arginina y metionina) principalmente en el hígado y páncreas y se almacena fundamentalmente en músculos: **allí se encuentra el 95% de toda la creatina que contiene el organismo.**

Esta reserva de creatina procede en un 50% de la ingesta diaria y en otro 50% de la síntesis orgánica.

La **creatina** existente en el organismo sufre un cambio mediante el cual se transforma en fosfocreatina, de tal forma que existe un equilibrio entre creatina y fosfocreatina.

Cuando se practica un ejercicio físico de elevada intensidad, la energía se obtiene durante los primeros 2-4 segundos de las reservas del propio ATP existente en la fibra muscular y una vez agotado, es la fosfocreatina la que sigue aportando energía, sin embargo, como los depósitos musculares son escasos, se agotan en pocos segundos. Cuando esto ocurre, se debe continuar sintetizando ATP para poder seguir con el ejercicio, pero ya no se puede mantener una intensidad tan elevada porque la capacidad de obtener energía por unidad de tiempo es menor mediante la utilización de la glucosa (y todavía menor si se utilizan las grasas) de la que es capaz de generar la fosfocreatina.

Así pues, **la fosfocreatina constituye la fuente energética principal en los ejercicios explosivos de alta intensidad y corta duración.** Si un ejercicio de estas características se prolonga más allá de 10-20 segundos, su intensidad disminuirá drásticamente y rápidamente aparecerá el agotamiento.

Esto quiere decir que la importancia de la fosfocreatina durante la realización de un ejercicio va a depender de las características del mismo. En los ejercicios de moderada intensidad y larga duración, las necesidades de energía (de ATP) serán satisfechas principalmente a partir de las vías aeróbicas, esto es, mediante la utilización energética de los ácidos grasos y la glucosa.

Sin embargo, si aumenta la intensidad del ejercicio, llegará un momento en que las necesidades energéticas por unidad de tiempo serán tan altas que no podrán satisfacerse únicamente a partir de las vías aeróbicas, y por lo tanto deberán utilizarse las anaeróbicas:

- Bien mediante la utilización de la glucosa por vía anaeróbica (sin que intervenga el oxígeno), pero con producción de ácido láctico, un verdadero «veneno» para el músculo.

- Bien mediante lo que se llama la vía anaeróbica «aláctica» (sin producción de ácido láctico), o sea, mediante la utilización de la fosfocreatina.

Por lo tanto, en esfuerzos máximos de pocos segundos de duración, resulta determinante que las reservas de fosfocreatina sean las más grandes posibles.

Ya en los últimos años del siglo xx se publicaron estudios científicos en los que se demostraba que la toma de creatina como suplemento dietético podía aumentar los depósitos intramusculares de ésta entre un 15 y un 20%, aunque en algunos casos llegaba al 40%.

Son ya muchos los trabajos científicos que demuestran que el aumento de estos depósitos puede lograrse mediante la toma de **20 gramos de creatina al día durante 5 días, o bien de 3 gramos al día durante un mes**. Después, pueden conservarse los incrementos mantenidos si una vez finalizada esa fase de carga se continúa con la ingesta de 2 gramos al día durante otro mes.

También se ha demostrado que la realización de ejercicios submáximos antes de iniciar la toma de creatina, y durante la misma, puede aumentar los depósitos de fosfocreatina muscular hasta un 10% más.

Si la ingesta de creatina se realiza tomando a la vez grandes cantidades de carbohidratos simples, la retención de creatina es todavía mayor.

Durante los tres primeros días de la fase de carga existe una importante retención de agua que puede provocar aumentos de peso entre 1 y 3 kilos. Esta retención es menor si la carga se realiza con 3 gramos que con 20 gramos diarios, aunque no tiene ningún efecto negativo sobre el organismo.

Pero además de aumentar el rendimiento en aquellos ejercicios realizados con gran intensidad (como una carrera de 200 ó 400 metros en atletismo), la suplementación con creatina aumenta también de manera significativa la fuerza y la potencia musculares, lo cual implica una mejora en el rendimiento en todos aquellos deportes cuyos gestos se caracterizan por ser de muy alta intensidad y corta duración (velocidad, saltos, lanzamientos, halterofilia, físicoculturismo, etc.).

También ha quedado demostrado, que las mejoras de rendimiento más grandes se han visto tras la realización de varias series, compuestas de varias repeticiones, de ejercicios intensos y de corta duración. Tras la suplementación con creatina, el rendimiento en las últimas repeticiones puede llegar a ser hasta un 20% mayor al obtenido si no se ha tomado creatina. Esto ocurre porque, aunque durante las repeticiones se agota la fosfocreatina muscular (por cesión de la molécula de fosfato y conversión en creatina), el tiempo de recuperación entre dos series es suficiente para que se vuelva a regenerar como fosfocreatina.

La espectroscopia por resonancia magnética ha demostrado que la recuperación de los depósitos de fosfocreatina es tanto mayor cuanto mayor es la concentración intramuscular total de creatina.

Por todo ello, **la suplementación con creatina es especialmente útil no solamente en deportes explosivos o de velocidad pura, sino también en aquellos deportes colectivos de tipo interválico, como el fútbol, baloncesto, etc.,** y también en aquellos deportes individuales donde existan importantes cambios de ritmo, como **el ciclismo.**

Además, la ingesta de creatina asociada a un programa de entrenamiento de fuerza máxima de 4-12 semanas de duración aumenta las adaptaciones fisiológicas normales a este tipo de entrenamientos. Es decir, que el aumento de masa libre de grasa, de la fuerza y de la potencia máximas, y la hipertrofia muscular son mayores si el entrenamiento se realiza conjuntamente con la suplementación con creatina.

Hasta ahora se han descrito los efectos positivos de la suplementación con creatina sobre el rendimiento deportivo, pero ¿hay algún efecto negativo?

De todas las investigaciones llevadas a cabo hasta ahora, no se ha podido demostrar ningún efecto negativo con las dosis recomendadas.

Solamente se puede afirmar que la suplementación con creatina inmediatamente antes de una competición realizada en ambientes calurosos debe evitarse, pues no solamente es totalmente ineficaz desde el punto de vista del rendimiento deportivo (lo que importa es la creatina acumulada en los músculos hasta ese día), sino que puede dificultar la disponibilidad de agua por parte del organismo.

Resumiendo, se puede afirmar que la suplementación con creatina es el mayor hallazgo de la nutrición deportiva desde que, a mediados de los años sesenta se comenzó con la dieta disociada escandinava, llamada hoy carga de hidratos.

10.3.5.2. L-carnitina

La **L-carnitina** es una sustancia abundante en las carnes rojas y en los productos lácteos, pero que nuestro organismo la puede sintetizar en el hígado y riñón a partir de dos aminoácidos esenciales: **la lisina y la metionina**.

En condiciones normales, la capacidad de síntesis de carnitina del organismo es lo suficientemente alta como para que pueda cumplir todas sus funciones fisiológicas.

Alrededor de un 98% de la carnitina humana se encuentra en el músculo esquelético y en el músculo cardíaco (miocardio).

Las principales funciones de la carnitina, como ya se ha comentado en el capítulo 4, son transportar los ácidos grasos de cadena larga a través de la **membrana mitocondrial** para su posterior conversión en energía. Recordemos que **la mitocondria** es el orgánulo de la célula donde tiene lugar la mayor formación de energía: **es la verdadera "caldera" metabólica**.

Por ello, se puede deducir que cuanta mayor sea la concentración de L-carnitina dentro de las células, mayor será su capacidad para transformar los ácidos grasos en energía, lo cual en deportistas tiene una importancia considerable, puesto que menor será la utilización de glucógeno, al estar éste disponible para situaciones donde los requerimientos energéticos por unidad de tiempo sean superiores a la energía que pueda obtener en ese momento por la oxidación de las grasas.

Ahora bien, los diferentes estudios realizados no parecen demostrar que la toma de una suplementación con L-carnitina aumente el rendimiento en deportistas bien entrenados aeróbicamente.

10.3.5.3. Triglicéridos de cadena media (MCT)

Aunque ya se ha desarrollado más extensamente este tema en el capítulo 4, recordemos que teóricamente, la adición de grasas a una bebida que contenga carbohidratos debería aumentar la disponibilidad de ácidos grasos para el músculo en deportes de resistencia, con el consiguiente ahorro de glucógeno. Pero en la práctica esto no es así por varios motivos:

- Las grasas retardan la velocidad de vaciado gástrico.
- Una vez digeridas, se absorben lentamente a nivel intestinal.
- Necesitan de la L-carnitina para penetrar en la mitocondria.
- Una vez dentro de la mitocondria, su transformación en energía (su oxidación) es lenta.
- Si los ácidos grasos se ingieren con glucosa, se produce una paralización en la oxidación de estos.

Por ello se pensó en sustituir la ingesta de grasa compuesta por triglicéridos de cadena larga (LCT), que es la forma habitual en que se encuentra la grasa en la mayoría de los alimentos que tomamos, por triglicéridos de cadena media (cadena más corta) ya que, al contrario que los anteriores:

- No retrasan la velocidad de vaciado gástrico.
- Se absorben rápidamente.
- No necesitan de la L-carnitina para penetrar en la mitocondria.
- Se oxidan rápidamente tras su absorción, y producen energía.

Ahora bien, el problema de la utilización de los MCT como suplemento dietético es el efecto que producen en la mucosa gástrica: si la cantidad es importante, aumenta el riesgo de aparición de trastornos gastrointestinales, lo cual limita enormemente las cantidades que realmente pueden ser utilizadas.

No obstante, existen complementos alimentarios para deportistas, con un contenido perfectamente estudiado en MCT para favorecer la producción de energía sin producir ningún tipo de molestia gástrica, lo cual resulta interesante por el ahorro de glucógeno que esto supone.

Alberts y col. *Introducción a la biología celular.* (1999), Ed. Omega.

Alberts y col., *Introducción a la biología celular.* (1999). Ed. Omega.

Brouns, Fred. *Necesidades Nutricionales de los Atletas.* 3ª ed. (2001) Ed. Paidotribo.

Brouns, Fred. *Necesidades Nutricionales de los Atletas.* 3ª ed. (2001) Ed. Paidotribo.

Clark, N. *La guía de nutrición deportiva de Nancy Clark.* (2005) Ed. Paidotribo

Creighton. T. E. *Proteins. Structures and Molecular Properties.* 2a Ed. (1994). W.H. Freeman and Co.

Creighton. T. E. *Proteins. Structures and Molecular Properties.* 2a Ed. (1994). W.H. Freeman and Co.

Darnell, James E. y otros. *Biología celular y molecular.* 2ª ed. (1993) Ediciones Omega.

Darnell, James E. y otros. *Biología celular y molecular.* 2ª ed. (1993) Ediciones Omega.

De Robertis; Eduardo D. P. *Fundamentos de biología celular y molecular.* (1988) Editorial El Ateneo.

De Robertis; Eduardo D. P. *Fundamentos de biología celular y molecular.* (1988) Editorial El Ateneo.

Delgado Fernández, M. Gutiérrez Saínz, A. Castillo Garzón, M.J. *Entrenamiento Físico-Deportivo y Alimentación.* 2ª ed. (4/1999) Ed. Paidotribo.

Delgado Fernández, M. Gutiérrez Saínz, A. Castillo Garzón, M.J. *Entrenamiento Físico-Deportivo y Alimentación.* 2ª ed. (4/1999) Ed. Paidotribo

Donald Voet y Judith G. Voet. *Bioquímica.* (1990) Ediciones Omega, S.A.

Donald Voet y Judith G. Voet. *Bioquímica.* (1990) Ediciones Omega, S.A.

Farreras, P., Rozman, C. *Medicina Interna* 14ª ed. (2000) Ed. Harcourt

Farreras, P., Rozman, C. *Medicina Interna.* 14ª ed. (2000) Ed. Harcourt.

Garrow, J.S. y James, W.P. *Human nutrition and Dietetics.* (1993) Ed. Churchill Livingstone.

Garrow, J.S. y James, W.P. *Human nutrition and Dietetics.* (1993) Ed. Churchill Livingstone.

Grande Covián, Francisco. *Alimentación y nutrición.* (1985) Ediciones Salvat.

Guyton, A., Hall, J. *Tratado de Fisiología Médica.* 9ª ed. (2000) Ed. McGraw-Hill Interamericana .

Horton, R., Moran, L. Och, R., Rawn, D. And Scrimgeour, G. *Principles of Biochemistry.* 2th ed., (1996), Ed. Prentice-Hall.

Lehninger, A., Nelson, D. y Cox, M. *Principios de Bioquímica.* 2ª ed., (1993), Ed. Omega.

Lehninger, A., Nelson, D. y Cox, M. *Principios de Bioquímica.* 2ª ed., (1993), Ed. Omega.

Macarulla, José M. y Goñi, Félix M. *Biomoléculas: Lecciones de Bioquímica Estructural.* 3ª ed. (1987).Barcelona: Reverté S.A.

Macarulla, José M. y Goñi, Félix M. *Biomoléculas: Lecciones de Bioquímica Estructural.* 3ª ed. (1987).Barcelona: Reverté S.A.,

Martínez Falero, Jesús. *La ciencia de la nutrición, alimentación y dietética.* (1985) Ediciones Roche.

Martínez Falero, Jesús. *La ciencia de la nutrición, alimentación y dietética.* (1985) Ediciones Roche.

Mataix, J., Martínez, J.A. *Nutrición y Alimentación Humana.* 1ª ed. (2002) Ed. Ergón

Mataix, J., Martínez, J.A. *Nutrición y Alimentación Humana.* 1ª ed. (2002) Ed. Ergón

Mathews, C.K. y Van Holde, K.E . *Bioquímica.* 2ª ed. (1998).   Ed. Mc Graw-Hill Interamericana.

Mathews, C.K. y Van Holde, K.E. *Bioquímica.* 2ª ed. (1998).   Ed. Mc Graw-Hill Interamericana.

Murray R., Mayes, P., Granner, D.,Rodwell, V. *Bioquímica de Harper.* 14ª ed. (1997), Ed. Manual Moderno.

Murray R., Mayes, P., Granner, D.,Rodwell, V. *Bioquímica de Harper.* 14ª ed. (1997), Ed. Manual Moderno.

Riba Sicart, M. *Manual práctico de nutrición y dietética.* (1993)Ediciones Mundi-Prensa.

Riba Sicart, M. *Manual práctico de nutrición y dietética.* (1993)Ediciones Mundi-Prensa.

Sasson, A. *La alimentación del hombre del mañana.* (1993) Editorial Reverté.

Sasson, A. *La alimentación del hombre del mañana.* (1993) Editorial Reverté

Tolonen M. *Vitaminas y minerales en la salud y nutrición.* (1995) Ed. Acribia, S.A.

Tolonen M. *Vitaminas y minerales en la salud y nutrición.* (1995) Ed. Acribia, S.A.

Van Holde K.E; W.C. Johnson and P.S.Ho. *Principles of Physical Biochemistry.* Ed Prentice Hall.

Van Holde K.E; W.C. Johnson and P.S.Ho. *Principles of Physical Biochemistry.* Ed Prentice Hall.

Vivanco, F. Palacios J.M.y A. García Almansa. *Alimentación y Nutrición.* Programa de Educación en Alimentación y Nutrición (CIBIS). Dirección General de Sanidad-Programa EDALNU. 1976

Widmer F. y R. Beffa. *Diccionario de bioquímica y biología molecular.* (2000) Ed. Acribia, S.A.

Widmer F. y R. Beffa. *Diccionario de bioquímica y biología molecular.* (2000) Ed. Acribia, S.A.

REVIEWS:

Am J Clin Nutr. 2000 Aug;72(2 Suppl):551S-7S. *Protein supplements and exercise.*

Bailey SP, Davis JM, Ahlborn EN. *Brain serotoninergic activity affects endurance performance in the rat.* Int J Sports Med 1993a; 6: 330-3333.

Bailey SP, Davis JM, Ahlborn EN. *Neuroendocrine and substrate responses to altered brain 5-HT activity during prolonged exercise to fatigue.* J Appl Physiol 1993b; 74: 3006-3012.

Barnett C, Hinds M, Jenkins DG. *Effects of oral creatine supplementation on multiple sprint cycle performance.* Aust J Sci Med Sport 1996; 28: 35-39.

Beckers EJ, Jeukendrup AE, Brouns F, Wagenmakers AJ, Saris WH. *Gastric empting of carbohydrate-medium chain triglyceride suspensions at rest.* Int J Sports Med 1992; 13: 581-584.

Blomstrand E, Celsing F, Newsholme EA. *Changes in plasma concentrations of aromatic and branch-chain amino acids during sustained exercise in man and their possible role in fatigue.* Acta Physiol Scand 1988; 133: 115-121.

Blomstrand E, Ek S, Newsholme EA. *Influence of ingesting a solution of branched-chain amino acids on plasma and muscle concentrations of amino acids during prolonged submaximal exercise.* Nutrition 1996; 12: 485-490.

Blomstrand E, Ek S, Newsholme EA. *Pripps Bryggerier, Research Laboratories, Bromma,* Sweden

Bosco C, Tihanyi J, Puespk J, Kovacs I, Gabossy A, Colli R, et al. *Effect of oral creatine supplementation on jumping and running performance.* Int J Sports Med 1997; 18: 369-372.

Calabrese C, Myer S, Munson S, Turet P, Birdsall TC. *A cross-over study of the effect of a single oral feeding of medium chain triglyceride oil vs. Canola oil on post-ingestion plasma triglyceride levels in healthy men.* Altern Med Rev 1999; 4: 23-28.

Castell LM, Poortmans JR, Leclerq R, Brasseur M, Duchateau J, Newlshome EA. *Some aspects of the acute phase response after a marathon race, and the effects of glutamine supplementation.* Eur J Appl Physiol 1997; 75: 47 - 53.

Castell LM, Yamamoto T, Phoenix J, Newsholme EA. *The role of tryptophan in fatigue in different conditions of stress.* Adv Exp Med Biol 1999: 467: 697-704.

Curr Sports Med Rep. 2002 Aug;1(4):214-21.*The role of protein and amino acid supplements in the athlete's diet: does type or timing of ingestion matter?*

Davis JM, Welsh RS, De Volve KL, Alderson NA. *Effects of branched-chain amino acids and carbohydrate on fatigue during intemittent, high-intensity running.* Int J Sports Med 1999; 20: 309-314.

Davis JM. *Carbohydrates, branched chain amino acids and endurance: The central fatigue hypothesis.* Sports Sci Exch 1996; 9: 61.

Décombaz J, Arnaud MJ, Milon H, Moesch H, Philipposian G, Thélin AL, et al. *Energy metabolism of medium-chain triglycerides versus carbohydrates during exercise.* Eur J Appl Physiol 1983; 52: 9-14.

Delanghe J, De Slypere JP. De Buyzere M, Robbrecht J, Wieme R, Vermeulen A. *Normal reference values for creatine, creatinine and carnitine are lower for vegetarians.* Clin Chem 1989; 153: 1802-1803.

Dorado C, Sanchis J, Chavarren J, López JA. *Efectos de la administración de suplementos de creatina sobre el rendimiento.* Arch Med Dep 1997; 59: 213-221.

F. Vivanco, J.M. Palacios y A. García Almansa, *Alimentación y Nutrición.* Programa de Educación en Alimentación y Nutrición (CIBIS).

Goedecke JH, Elmer English R, Dennis SC, Scloss Y, Noakes TD, Lambert EV. *Effects of medium-chain triacylglicerol ingested with carbohydrate on metabolism and exercise performance.* Int J Sport Nutr 1999; 9: 35-47.

Grande Covián, Francisco. *Alimentación y nutrición* (1985) Ediciones Salvat.

Green AL, Hultman E, Macdonald IA, Sewell DA, Greenhaff PL. *Carbohydrate ingestion augments skeletal muscle creatine accumulation during creatine supplementation in humans.* Am J Physiol 1996; 271: 821-826.

Greenhaff PL, Bodin K, Söderlund K, Hultman E. *The effect of oral creatine supplementation on skeletal muscle phosphocreatine resynthesis.* Am J Physiol 1994a; 266: 725-730.

Grimm H, Kraus A. *Department of General and Thoracic Surgery, Justus Liebig University,* Germany.

Grimm H, Kraus A. *Immunonutrition-supplementary amino acids and fatty acids ameliorate immune deficiency in critically ill patients.* Langenbecks Arch Surg. 2001 Aug;386(5):369-76.

Grindstaff PD, Kreider R, Bishop R, Wilson M, Wood L, Alexander C, Alamada A. *Effects of creatine supplementation on repetitive sprint performance and body composition in competitive swimmers.* Int J Sport Nutr 1997; 7: 330-346.

Guyton, A., Hall, J. *Tratado de Fisiología Médica.* 9ª ed. (2.000) Ed. McGraw-Hill Interamericana

Hack V, Weiss C, Friedmann B, Suttner S, Schykowaki M, Erbe N, et al. *Decreased plasma glutamine level and CD4+ T cell number in response to 8 wk of anaerobic training.* Am J Physiol 1997; 272: 788-795.

Harefuah. 2004 Mar;143(3):205-9, 245. *Immune enhancing diet.*

Hargreaves MH, Snow R. *Amino acids and endurance exercise.* Int J Sport Nutr Exerc Metab. 2001 Mar;11(1):133-45.

Hargreaves MH, Snow R. *School of Health Sciences, Deakin University, Burwood,* Australia.

Horton, R., Moran, L. Och, R., Rawn, D. And Scrimgeour, G. *Principles of Biochemistry*. 2th ed., (1996), Ed. Prentice-Hall.

Int J Sport Nutr Exerc Metab. 2001 Mar;11(1):109-32. *Exercise, protein metabolism, and muscle growth.*

Int J Sport Nutr Exerc Metab. 2001 Mar;11(1):133-45. *Amino acids and endurance exercise.*

J Am Diet Assoc. 1997 Oct;97(10 Suppl 2):S197-8. *Sports drinks: research asks for reevaluation of current recommendations.*

J Med Food. 2003 Fall;6(3):267-70. *Antioxidant activities of rosemary, sage, and sumac extracts and their combinations on stability of natural peanut oil.*

J Nutr. 2004 Apr;134(4):968S-73S. *Dietary protein impact on glycemic control during weight loss.*

J Sports Sci. 2004 Jan;22(1):65-79. *Protein and amino acids for athletes.*

J Strength Cond Res. 2003 Nov;17(4):822-31. *Effects of creatine supplementation and resistance training on muscle strength and weightlifting performance.*

Jeukendrup AE, Saris WH, Brouns F, Halliday D, Wagenmakers AJ. *Effects of carbohydrate (CHO) and fat supplementation on CHO metabolism during prolonged exercise.* Metabolism 1996a; 45: 915-921

Jeukendrup AE, Thielen JJ, Wagenmakers AJ, Brouns F, Saris WH. *Effect of medium chain triacylglycerol and carbohydrate ingestion during exercise on substrate utilization and subsequent cycling performance.* Am J Clin Nutr 1998; 67: 397-404.

KD, Wolfe RR. *Department of Surgery, University of Texas Medical Branch, USA.*

Kirvelä O, Jaatinen J, Scheinin H, Kanto J. *The effects of branched-cahin amino acid infusion on pain perception and plasma concentrations of monoamines.* Pharmacol Biochem Behav 1998; 60: 77-82.

Kreis R, Koster M, Kamber M, Felblinger J, Slotboom J, Walker G, et al. *Effect of creatine supplementation upon muscle metabolism studied by 1H and 31P-MRS; MRI, exercise performance testing and clinical chemistry.* Proceedings of the International Society for Magnetic Resonance in Medicine. Fourth Scientific Meeting, New York, USA, 1996; 1: 25-47.

Langenbecks Arch Surg. 2001 Aug;386(5):369-76. *Immunonutrition—supplementary amino acids and fatty acids ameliorate immune deficiency in critically ill patients.*

Layman DK, Baum JI. *Department of Food Science and Human Nutrition, University of Illinois Urbana-Champaign, Urbana, USA.*

Layman DK, Baum JI. *Dietary protein impact on glycemic control during weight loss.* J Nutr. 2004 Apr;134(4):968S-73S.

Lemon PW, Berardi JM, Noreen EE. *The University of Western Ontario, London, Ontario, Canada.*

Lemon PW, Berardi JM, Noreen EE.*The role of protein and amino acid supplements in the athlete's diet: does type or timing of ingestion matter?* Curr Sports Med Rep. 2002 Aug;1(4):214-21.

Lu Y, Zhao WZ, Chang Z, Chen WX, Li L. *Department of Pharmacology, Marine Drug Research Center, Nanjing University of Traditional Chinese Medicine, Nanjing 210029, China.*

Lu Y, Zhao WZ, Chang Z, Chen WX, Li L.*Procyanidins from grape seeds protect against phorbol ester-induced oxidative cellular and genotoxic damage.* Acta Pharmacol Sin. 2004 Aug; 25(8):1083-9.

Med J Aust. 2004 Nov 15;181(10):526-7. *Atkins and the new diet revolution: is it really time for regimen change?*

Meeusen R, De Meirleir K. *Exercise and brain neurotransmission.* Sports Med 1995; 20: 160-188.

Mero A. *Leucine supplementation and intensive training.* Sports Med 1999; 27: 347-358.

Metabolism. 2004 Aug;53(8):1002-6. *The effect of l-carnitine on fat oxidation, protein turnover, and body composition in slightly overweight subjects.*

Mini Rev Med Chem. 2004 Oct;4(8):833-8. *Regulation of the cellular and physiological effects of glutamine. Case Western Reserve University School of Medicine, Rainbow Babies and Children's Hospital Cleveland, Ohio USA.*

Mini Rev Med Chem. 2004 Oct;4(8):833-8. *Regulation of the cellular and physiological effects of glutamine. Case Western Reserve University School of Medicine, Rainbow Babies and Children's Hospital Cleveland, Ohio USA.*

Newsholme EA, Blomstrand E. *Tryptophan, 5-hydroxytryptamine and a possible explanation for central fatigue.* Adv Exp Med Biol 1995; 384: 315-320.

Newsholme EA. *Biochemical mechanisms to explain immunosuppression in well-trained and overtrained athletes.* Int J Sports Med 1994; 15 Suppl 3: 142-147.

Nutrition. 1996 Jul-Aug;12(7-8):485-90. *Influence of ingesting a solution of branched-chain amino acids on plasma and muscle concentrations of amino acids during prolonged submaximal exercise.*

Ozcan M. *Antioxidant activities of rosemary, sage, and sumac extracts and their combinations on stability of natural peanut oil.* J Med Food. 2003 Fall;6(3):267-70.

Ozcan M. *Department of Food Engineering, Faculty of Agriculture, Selcuk University, Konya, Turkey.*

Pedersen BK, Bruunsgaard H, Klokker M, Kappel M, MacLean DA, Nielsen HB, et al. *Exercise-induced immunomodulation. Posibles roles of neuroendocrine and metabolic factors.* Int J Sports Med 1997; 18 Suppl 1: 2-7.

Prevost MC, Nelson AG, Morris GS. *Creatine supplementation enhances intermittent work performance.* Res Q Exerc Sport 1997; 68: 233-240.

Rawson ES, Volek JS. *Department of Exercise Science and Athletics, Bloomsburg University, Bloomsburg, Pennsylvania.USA.*

Rawson ES, Volek JS. *Effects of creatine supplementation and resistance training on muscle strength and weightlifting performance.* J Strength Cond Res. 2003 Nov;17(4):822-31.

Riley MD, Coveney J. *Atkins and the new diet revolution: is it really time for regimen change?* Med J Aust. 2004 Nov 15;181(10):526-7.

Riley MD, Coveney J. *Department of Medicine, Monash University, Clayton, Australia.*

Rohde T, McLean DA, Hartkopp A, Pedersen BK. *The immune system and serum glutamine during a triathlon.* Eur J Appl Physiol 1996; 74: 428-434.

Rowbottom DG, Keast D, Morton AR. *The emerging role of glutamine as an indicator of exercise stress and overtraining.* Sports Med 1996; 21: 80-97.

Ryan M. Acta Pharmacol Sin. 2004 Aug; 25(8):1083-9. *Procyanidins from grape seeds protect against phorbol ester-induced oxidative cellular and genotoxic damage.*

Ryan M. *Sports drinks: research asks for reevaluation of current recommendations.* J Am Diet Assoc. 1997 Oct;97(10 Suppl 2):S197-8.

Shor R, Arden G, Shalev B, Halabe A. *Department of Internal Medicine, Edith Wolfson Medical Centre, Sackler School of Medicine, Tel Aviv University.*

Shor R, Arden G, Shalev B, Halabe A. *Immune enhancing diet.* Harefuah. 2004 Mar;143(3):205-9, 245.

Sidossis LS, Wolfe RR, Coggan AR. *Regulation of fatty acid oxidation in untrained vs trained men during exercise.* Am J Physiol 1998; 274: 510-515.

Strüder HK, Hollmann W, Platen P, Wöstmann R, Weicker H, Molderings GJ. *Effect of acute and chronic exercise on plasma amino acids and prolactin concentrations and on (3H)ketanserin binding to serotonin2A receptors on human platelets.*Eur J Appl Physiol 1999; 79: 318-324.

Thompson CH, Kemp GJ, Sanderson AL, Dixon RM, Styles P, Taylos DJ, et al. *Effect of creatine on aerobic and anaerobic metabolism in skeletal muscle in swimmers.* Br J Sports Med 1996; 30: 222-225.

Tipton KD, Wolfe RR. *Metabolism Division, Department of Surgery, University of Texas Medial Branch-Galveston, Galveston, USA.*

Tipton KD, Wolfe RR. *Protein and amino acids for athletes.* J Sports Sci. 2004 Jan;22(1):65-79.

Tipton KD, Wolfe RR.*Exercise, protein metabolism, and muscle growth.* Int J Sport Nutr Exerc Metab. 2001 Mar;11(1):109-32.

Wolfe RR. *Protein supplements and exercise.* Am J Clin Nutr. 2000 Aug;72(2 Suppl):551S-7S. *Shriners Burns Institute*

Wolfe RR. *Shriners Burns Institute, Metabolism Unit, University of Texas Medical Branch, Galveston, USA.*

Wutzke KD, Lorenz H. *The effect of l-carnitine on fat oxidation, protein turnover, and body composition in slightly overweight subjects.* Metabolism. 2004 Aug;53(8):1002-6.

Wutzke KD, Lorenz H. *University of Rostock, Children's Hospital, Research Laboratory, Germany.*

Yamamoto T, Castell LM, Botella J, Powell H, Hall GM, Young A, et al. *Changes in the albumin binding of tryptophan during postoperative recovery: a possible link with central fatigue?.* Brain Res Bull 1997; 43: 43-46.

Zanker CL, Swaine IL, Castell LM, Newsholme EA. *Responses of plasma glutamine, free tryptophan and branched-chain amino acids to prolonged exercise after a regime designed to reduce muscle glycogen.* Eur J Appl Physiol 1997; 97: 75: 543-548. 787-793.

OTRAS FUENTES:

http://www.nlm.nih.gov/medlineplus
http://www.nutricion.org/
http://www.med.utah.edu/
http://www.fao.org/
http://www.biologia.edu.ar/macromoleculas/
http://www.nlm.nih.gov/medlineplus/spanish/ency/
http://www.mmhs.com/